ET 1976

DES CARACTÈRES

DISTINCTIFS

DU CODE NAPOLÉON,

Par F. De LASSAULX,

Docteur et Professeur en Droit, Doyen de la
Faculté de Droit de Coblentz, Officier de
l'Université Impériale, etc., etc.

Extrait de la Bibliothèque du Barreau.

Les Lois Civiles doivent se rapporter au degré de liberté
que la Constitution peut souffrir; à la Religion des ha-
bitans, à leurs Inclinations, à leurs Richesses, à leur
Nombre, à leur Commerce, à leurs Mœurs, à leurs
Manières: enfin elles ont des rapports entre elles; elles
en ont avec leur Origine, avec l'objet du Législateur,
avec l'ordre des choses sur lesquelles elles sont établies.
C'est dans toutes ces vues qu'il faut les considérer.

Montesquieu, *Esprit des Lois*, *liv.* 1, *chap.* 3.

A PARIS,

Chez Madame Veuve DUMINIL-LESUEUR, rue de la
Harpe, N°. 78.

1811.

AVANT-PROPOS.

Cet Essai était d'abord destiné à servir d'introduction à l'édition française de mon Commentaire sur le Code Napoléon, publié d'abord en langue allemande, et qui a obtenu en Allemagne un succès, que j'attribue bien plus aux circonstances favorables dans lesquelles cet ouvrage a paru, qu'à son mérite propre. Des occupations multipliées ne me permettant pas encore de m'occuper de l'édition française, j'ai pensé que ce traité pourrait être de quelque utilité, même dans sa forme actuelle, en ce qu'il provoquera des recherches plus approfondies sur les nombreuses questions de la plus haute importance, qui y sont plutôt effleurées que discutées.

Né dans une province ci-devant allemande, j'ose écrire dans une langue qui ne fut point celle de mon jeune âge : J'ai cru devoir faire remarquer cette circonstance, afin qu'on n'attribuât pas à un manque d'égard pour le public les inégalités, les négligences, et les fautes de mon style.

Coblentz, le 7 février 1811.

DES CARACTÈRES DISTINCTIFS

DU CODE NAPOLÉON.

Dans un moment où le Code Napoléon étend de plus en plus son empire, il nous a paru intéressant d'examiner une question qui ne semble avoir encore été ni franchement abordée, ni suffisamment approfondie ; c'est celle de savoir : *quels sont les caractères particuliers par lesquels le Code Napoléon se distingue des autres législations.*

Ce n'est cependant que par cet examen que l'on peut se pénétrer des avantages de la loi nouvelle, et apprécier les bienfaits qui doivent être le résultat de son introduction. Nous reconnaissons volontiers que ce travail est au-dessus de nos forces et qu'il excède les bornes que nous sommes obligés d'assigner à cet essai ; aussi avons-nous moins la présomption de l'entreprendre avec succès, que l'intention de le provoquer, en fixant l'attention des jurisconsultes sur une question aussi importante.

Cette discussion, dans laquelle nous nous proposons d'apporter la plus grande impartialité, se divise naturellement en cinq titres :

Le premier traitera du *système du Code Napoléon ;*

Le deuxième, de ses *sources ;*

Le troisième, des *principes par lesquels on s'est di-*

rigé dans le choix et l'emploi des matériaux, et dans la rédaction du Code ;

Le quatrième, des rapports qui existent entre le Code Napoléon et les institutions organiques de l'Empire Français, les mœurs et les usages de la Nation Française ;

Le cinquième, des institutions abolies par le Code Napoléon, et des principes nouveaux qu'il a consacrés.

TITRE PREMIER.

Du système du Code Napoléon.

PREMIÈRE SECTION.

Exposition de ce système.

C'est une opinion assez généralement accréditée, que l'ordre dans lequel les matières se trouvent classées dans le Code, n'est point systématique. Ce qui paraît y avoir principalement donné lieu, c'est que les trente-six lois dont la collection compose le Code Napoléon, ont été décrétées et promulguées séparément. Il n'est cependant pas difficile de reconnaître que ces lois n'ont point été réunies au hasard et dans un ordre arbitraire, mais qu'elles forment un ensemble qui embrasse d'une manière plus complète qu'on ne le croirait au premier abord, toutes les matières du droit privé.

Quoique le mode de discussion prescrit par les constitutions de l'Empire, ait obligé de discuter et de présenter

séparément les différens titres du Code à la sanction
du Corps législatif, chaque titre n'a cependant été présenté que comme partie d'une loi générale , dont le
projet existait entre les mains du public. La loi du 30
ventose an 12 a même remis à leur place et dans l'ordre qui leur est assigné par le système , les deux premiers titres du livre III (1), que des circonstances particulières avaient déterminé à présenter avant les titres du
livre II (2).

Aussi l'ordre suivi dans une loi d'une aussi grande éten-

---

(1) Le titre des successions a été décrété le 19 avril 1803 ,
et celui des donations entre-vifs et des testamens , le 3 mai de
la même année , tandis que le titre de la distinction des biens ,
Ier. du liv. II , n'a été décrété que le 25 janvier 1804.

(2) *Exposé des motifs de la loi du 30 ventose an 12 , par le
Conseiller d'Etat Portalis.* « Dans ce projet on s'est proposé
de classer les différentes matières dont la législation civile se
compose, et de les réunir dans un seul corps de lois, sous le
titre de Code Civil des Français. Chaque partie de ce Code
vous a été successivement soumise. Chaque projet est devenu
loi dès qu'il a été consacré par vos suffrages. *Dans la présen-
tation des divers projets , on a été forcé de se conformer à
l'ordre du travail. Dans leur réunion actuelle , on rétablit
l'ordre des matières et des choses ; on indique la place naturelle de toutes les lois destinées à former un même tout ,
quelle qu'ait été l'époque de leur promulgation.* Il n'y aura
qu'une seule série de numéros pour tous les articles du Code.
On a pensé que cette mesure ne devait point être négligée;
elle rend plus apparent le caractère réel d'unité qui convient
à l'ouvrage. »

que n'est rien moins qu'arbitraire, et ceux-là ont faiblement défendu le Code d'un reproche grave, qui ont prétendu que les systèmes sont du ressort exclusif de l'école, et ne doivent pas être transportés dans le domaine de la législation. Si, d'un côté, il est vrai que le législateur doive abandonner à l'enseignement les définitions qui ne renferment pas en même temps des préceptes législatifs, les divisions et les subdivisions de ces préceptes, et l'explication des liaisons qui existent entr'elles (comme la liaison des conséquences et de leurs causes, des exceptions et de leur règle) ; d'un autre côté, rien ne peut le dispenser de présenter ces préceptes dans un ordre naturel, et qui permette d'en saisir facilement la liaison : de-là il suit que la loi, sans énoncer les divisions de l'école, doit cependant s'en approcher; que partout, dans le développement des mêmes principes fondamentaux auxquels la doctrine remonte dans ses recherches, ses dispositions doivent se classer naturellement et d'elles-mêmes dans un ordre systématique, quoiqu'il soit réservé à la théorie de remplir le cadre dans lequel elles paraissent, comme les premiers traits du tableau, en y ajoutant les couleurs et les nuances. C'est précisément parceque la théorie ne peut pas modifier le précepte, mais seulement l'expliquer, que le législateur a beaucoup fait pour faciliter cette tâche, et conséquemment pour mettre la loi à la portée d'un plus grand nombre de personnes, lorsqu'il la présente dans un ordre que la théorie puisse adopter (1) pour ses explications.

---

(1) Nous supposons qu'il est inutile d'ajouter que cette observation ne peut s'appliquer qu'à la distribution générale des

D'après ces principes , toute loi bien rédigée est nécessairement systématique , c'est-à-dire , que même en établissant des règles isolées , elle s'écarte le moins possible de l'ordre dans lequel elles devraient être exposées , s'il s'agissait de les faire dériver comme conséquences nécessaires de certains principes généraux.

Appliquons cette observation au Code Napoléon et examinons si les lois dont il se compose ont été classées dans un ordre systématique.

Le législateur , après avoir posé quelques principes généraux sur la manière dont la loi se forme et sur sa force exécutoire (1), commence par établir la division des hommes par rapport à la jouissance des droits qui sont la matière du Code (*tit. I, liv. I*); et rien de plus simple que les divisions qu'il établit à cet égard en :

1°. *Français* qui jouissent de tous les droits civils dans leur plénitude ;

---

matières , et qu'il doit toujours être permis à la doctrine de réunir , sur la même ligne , toutes les conséquences d'un même principe général , et toutes les exceptions d'une même règle ; ce qui est rarement possible au législateur.

(1) Nous avouons cependant que nous aurions désiré voir réuni, dans un livre préliminaire , les règles générales communes aux droits qui naissent des rapports purement personnels , et aux droits qui naissent des rapports avec les choses , tandis que le livre préliminaire (dont le projet avait été rédigé par feu le Conseiller d'Etat Portalis), ne renfermait que des principes métaphysiques , entièrement du domaine de la doctrine , et que les art. 1 , 4, 5 du titre préliminaire du Code , renferment des dispositions de droit public.

2°. *Étrangers* qui jouissent de ces droits en tant qu'ils dérivent du droit naturel par exemple, de ceux qui résultent des *conventions*); mais qui, parceque la loi française n'est ni faite ni obligatoire pour eux, ne jouissent des droits résultant de la législation positive, (comme le droit de *succession*, la capacité de recevoir par *testament*, ou par *donation entre-vifs*, assujettie par la loi civile à des formalités déterminées), qu'autant que ces droits leur sont assurés par les traités (*art.* 11 *du C. N.*), ou par le principe de réciprocité consacré par les dispositions des *art.* 726 *et* 912.

3°. *Condamnés à la mort civile*, qui, étant exclus de la société pour laquelle la loi positive est faite, sont privés de tous les avantages dérivant de cette loi, et se trouvent ainsi réduits aux seules facultés du droit naturel dans les bornes et avec les modifications que la loi positive leur assigne : ainsi, par exemple, le condamné à la mort civile est obligé de respecter la loi positive existante pour tous les autres, sans pouvoir cependant l'invoquer en sa faveur, parcequ'il est réputé mort aux yeux de cette même loi.

Le Code détermine ensuite la manière de constater les différens états auxquels l'exercice des droits civils est attaché (*tit. II*), ainsi que le lieu de leur exercice (*tit. III*).

Après avoir établi :

Quelles sont les personnes auxquelles compète l'exercice des droits civils ;

De quelle manière on peut constater et reconnaître

l'état ou la qualité en laquelle ces droits compètent à ces mêmes personnes ;

Et quel est le lieu où elles peuvent ou doivent les exercer ;

Il passe à la division de ces droits, dont il abandonne la définition et l'énumération à la doctrine. Il les divise en :

> 1°. Droits résultans des rapports privés entre les personnes, abstraction faite des choses ;
>
> 2°. Et droits resultans des relations entre les personnes par rapport aux choses qui sont dans le commerce.

Le livre premier (*tit. V à XI*) est consacré aux droits de la première espèce. On peut les subdiviser en :

> Droits résultans du *mariage*, (*tit. V et VI*).
>
> Droits résultans de la *filiation et de la paternité*, (*tit. VII et IX*).

Ce livre devait nécessairement se terminer par les dispositions relatives à la tutelle, qui n'est qu'un *supplément de la puissance paternelle*.

Passant ensuite aux droits de la seconde espèce, le législateur commence par établir une division générale des choses, tirée de leur nature, et d'une influence nécessaire sur les droits que l'on peut avoir sur elles (liv. II. tit. I.)

Il détermine ensuite quels sont ces droits, qui se confondent tous dans un seul, savoir :

> La *propriété* ou le droit de jouir d'une chose et d'en disposer (liv. II. tit. II), droit qui peut être modifié :
>
> 1°. Par la séparation de tous ou de certains *droits*

de jouissance (usufruit, usage et habitation.) Liv. II. tit. III.

2°. Par des restrictions du *droit de disposition,* opérées par les services fonciers dûs à une autre propriété (servitudes.) Liv. II. tit. IV (1).

Après avoir considéré les choses, dans le liv. II, dans un *état de repos,* et après avoir déterminé l'étendue des droits dont elles sont susceptibles, abstraction faite des personnes investies de ces droits, le législateur les suit dans l'*état de mouvement et de circulation,* qui est le résultat des différentes *manières d'acquérir la propriété* (2).

Parmi les modes d'acquisition,

---

(1) *Exposé des motifs du titre de la Distinction des biens,* par le Conseiller d'Etat Treilhard. « Voilà, en effet, les seules modifications dont les propriétés soient susceptibles dans notre organisation *politique* et sociale ; il ne peut exister sur les biens aucune autre espèce de droits : ou l'on a une propriété pleine et entière qui renferme également, et le droit de jouir et le droit de disposer ; ou l'on n'a qu'un simple droit de jouissance, sans pouvoir disposer du fonds ; ou enfin, on n'a que des services fonciers à prétendre sur la propriété d'un tiers ; services qui ne peuvent être établis que pour l'usage et l'utilité d'un héritage ; services qui n'entraînent aucun assujétissement de la personne ; services, enfin, qui n'ont rien de commun avec les dépendances féodales brisées pour toujours. »

(2) *L'occupation* n'étant admise comme mode d'acquisition qu'au profit de l'Etat (art. 713), on en a traité transitoirement dans l'introduction au premier titre du troisième livre,

1º. La *succession*,

 a.) *Ab intestat*, liv. III. , tit. I,

 b.) *Testamentaire*, liv. III. , tit. II,

Occupe le premier rang. Le code passe ensuite :

 2º. *Aux transmissions à titre gratuit.* Liv. III. tit. II.

 3º. *Aux acquisitions par conventions.* Liv. III, tit. III.

 4º. *Aux obligations qui se forment sans conven-tion.* Liv. III, tit. IV.

Après avoir parcouru les différentes espèces particulières de contrats, et avoir établi à leur égard des modifications aux règles d'application des principes généraux renfermés dans le IIIe. tit. du liv. III, il termine :

 5º. *Par l'usucapion*, tit. XX.

Et déclare finalement par quel laps de temps s'éteignent les différentes actions auxquelles l'exercice des droits sur les choses peut donner lieu.

Telle est la distribution générale des matières du Code Napoléon. Nous croyons avoir suffisamment justifié, par cet aperçu, notre proposition, que cette distribution est faite d'après un plan très-systématique.

La section suivante sera consacrée à justifier ce plan des principaux reproches qui lui ont été faits, tandis que, dans la troisième, nous ferons remarquer avec franchise et impartialité les défectuosités que nous avons cru

---

dè même que de l'*invention du trésor* (art. 716). La matière de l'*accession* a trouvé sa place naturellement au titre de la propriété, parcèque son résultat produit une copropriété, ou bien cède au droit du propriétaire de la chose principale, d'après le principe : *accessorium sequitur principale.*

reconnaître dans son exécution, et qu'il appartient à la doctrine de rectifier.

DEUXIEME SECTION.

Réfutation des principales objections qui ont été faites contre la distribution des matières, adoptée dans le Code Napoléon.

Première Objection.

Disproportion du troisième livre avec les deux premiers.

Cette objection faite d'abord par M. de Malleville (1), dans son *analyse*, a été adoptée par la plupart des auteurs qui ont écrit sur le C. N. M. de Malleville nous fournit cependant lui-même une réponse péremptoire à cette objection, en disant : « si cette disproportion résulte né-
» cessairement de la nature des choses, elle ne devait pas
» empêcher de suivre la division adoptée. » Or, il nous semble prouvé par le plan tracé dans la section précédente que la disproportion qui existe entre les trois livres est le résultat nécessaire :

        a) De ce que les droits résultans des rapports pu-
             rement personnels, que l'on peut réduire à
             ceux de mariage et de paternité, ne sont ni

---

(1) Tom. 1, pag. 2. « Il faut cependant avouer que cette di-
» vision pouvait bien souffrir quelque doute, ne fût-ce qu'à
» cause de l'énorme disproportion du troisième livre avec les
» deux autres : le premier livre ne contient que 509 art; le
» second, que 195; et le troisième en renferme seul 1571. »

aussi nombreux, ni aussi compliqués que les droits résultans des rapports entre les personnes relativement aux biens qui sont dans le commerce.

b) De ce qu'il ne faut que peu de règles pour déterminer les droits que l'on peut avoir sur les choses en état de repos, tandis qu'il en faut un grand nombre pour régler les différens rapports que le mouvement et la circulation des choses fait naître.

Observons encore :

1°. Que cette disproportion entre le volume des trois livres est sans aucun inconvénient, attendu que leur division en titres facilite l'aperçu général des matières, et empêche toute confusion à l'égard des nombreux sujets traités dans le troisième livre ;

2°. Que *la succession* (légitime et testamentaire) se sépare naturellement des autres matières traitées dans le livre III ; qu'il en est de même du titre *de la prescription* ; qu'enfin, aucune des autres matières de ce livre ne pouvait être tirée de la place qu'elle occupe.

Deuxième Objection.

La propriété ou les moyens de l'acquérir sont l'objet unique du Code ; il se trouve dans les premiers livres beaucoup de matières qui devaient être rapportées au dernier.

Cette objection est encore développée par M. de Mal-

leville : « Le premier livre traite des personnes ; le second,
» des choses ; le troisième, des moyens d'acquérir. On
» dit *que cette dernière division est l'objet entier du*
» *Code et de toutes les lois civiles, et que le traité des*
» *personnes et des choses n'en est que le préliminaire ;*
» que cela est tellement vrai, qu'on n'a donné quelque
» consistance aux deux premiers livres, qu'en y mêlant
» beaucoup de choses qui pouvaient être rapportées au
» dernier, comme étant aussi des moyens d'acquérir.
» Telles sont, dans le premier livre, l'absence, relativement
» aux parens qui en profitent, le mariage, le divorce, la
» filiation, l'adoption, la puissance paternelle ; et dans le
» second livre, l'accession, l'usufruit, l'usage, l'habita-
» tion et les servitudes. Aussi le judicieux Domat, en met-
» tant dans un livre préliminaire, les notions nécessaires
» sur les personnes et les choses, n'a-t-il ensuite divisé son
» ouvrage qu'en deux parties, *les contrats et les succes-*
» *sions :* Despeisses, qui a traité toutes les matières du droit
» civil avec beaucoup de méthode et de clarté, a suivi la
» même division ; et ces deux autorités étaient capables
» d'entraîner. »

Il se trouve dans l'excellent ouvrage de M. Locré (1), un
passage remarquable, dans lequel l'auteur, sans traiter précisément la question qui nous occupe, développe avec beaucoup d'étendue l'idée principale qui sert de base à cette objection ; savoir : *que les lois civiles n'ont à établir que les*

---

(1) Esprit du Code Napoléon, vol. 1, p. 54 de l'édition
in-4°., et p. 66 de l'édition in-8°.

règles de la propriété. « La propriété, y est-il dit, est le
» sujet immédiat de leurs dispositions, et par conséquent
» leur matière.

» Cette vérité est justifiée par le Code civil ; ses dispo-
» sitions sont *toutes* consacrées à établir les règles de la
» propriété : ou elles décident à qui les choses appartien-
» nent, comment on les acquiert, comment on en jouit,
» comment on en peut disposer ; ou elles règlent les droits
» que les engagemens donnent relativement aux choses,
» en expliquant comment ces engagemens se forment et
» s'éteignent, quels en sont les accessoires, quelles en sont
» les suites.

» On reconnaît facilement à l'inspection du deuxième
» et du troisième livres, qu'ils n'ont point d'autre matière ;
» *mais il est également vrai du livre premier, qu'il n'est*
» *relatif qu'à la propriété,* quoiqu'il porte pour rubri-
» que *des personnes.* En effet, le mot *personne* n'est pas
» employé là dans le même sens que dans ce chapitre.
» Dans le Code, il est le synonyme *d'état civil ; or,*
» *l'état civil se compose des diverses capacités et in-*
» *capacités des individus par rapport à la propriété.*
» Aussi le livre premier du Code civil ne concerne-t-il
» que ces sortes de capacités et d'incapacités ; s'il distin-
» gue l'étranger du Français, c'est parcequ'il faut déter-
» miner les qualités qui donnent la successibilité et divers
» autres droits ; s'il règle la forme du mariage, c'est parce-
» que cette union attribue des droits à chacun des époux
» *sur la personne et sur les biens* de l'autre ; s'il fixe les
» caractères et les preuves de la paternité et de la filia-
» tion ; c'est *parceque l'ordre des successions en dépend.*

» même dans la ligne collatérale ; parceque cette liaison
» étroite influe sur la faculté de disposer ; *parcequ'elle*
» *impose des devoirs mutuels à ceux qu'elle unit ;* s'il
» institue les tutelles, c'est à cause du droit que les biens
» de la parenté, de l'amitié et même de la seule confor-
» mité de nature, donnent au faible de réclamer les ser-
» vices et la protection du plus fort.

» Voilà donc ce qu'est le droit civil ou privé : son
» objet est de régler les rapports individuels, tels qu'ils
» existent dans l'état de société; *sa matière, la propriété ;*
» son principe est dans la nature ; sa forme dans le droit
» positif. »

S'il était vrai que la propriété (ou plutôt les moyens de
l'acquérir) fût l'*unique* matière de toutes les lois civiles,
point de doute que la classification des matières, adoptée
dans le Code, ne fût évidemment défectueuse ; alors il
aurait fallu réunir, dans un titre préliminaire, comme
M. de Malleville le remarque judicieusement, les notions
générales sur les personnes auxquelles se réfèrent en dernier lieu tous les droits de propriété, et sur les choses
qui en sont l'objet ; on auroit dû traiter ensuite de l'exercice de ces droits même, soit dans l'ordre adopté par
Domat et Despeisses, soit dans tout autre ordre qui eût été
arbitraire jusqu'à un certain point, mais qui n'aurait jamais
pu être celui qu'on a adopté pour le C. N. Dans ce cas,
en effet, il aurait été difficile de justifier ce dernier du
reproche qui lui a été fait par un jurisconsulte allemand
très-estimé (1); « savoir, que ce système assigne une place

_____

(1) Doctor Anton Bauer Beitraege zur charakteristick und
critick des Code Napoleon. Erste Abtheilung, p. 221.

» trop

» trop subalterne aux droits des personnes, en ce que les
» matières du mariage, de la paternité, de la puissance
» paternelle n'auraient qu'une importance relative et se-
» condaire, toutes les lois personnelles ayant l'unique but
» de déterminer les personnes susceptibles d'acquérir la
» propriété (1). »

Mais il me semble que des deux auteurs dont nous
venons de retracer les opinions, le premier (*M. de
Malleville*), n'a fait aucune attention à la division des
droits :

En droits résultans des rapports des personnes entre elles , abstraction faite des choses ;

Et droits résultans des rapports entre les personnes, qui ont pour objet les choses qui sont
dans le commerce ;

Tandis que le second (*M. Locré*) paraît même vou-
loir effacer cette division, par l'acception très - étendue
qu'il attache au terme de *propriété ,* acception d'après
laquelle ce mot embrasse tous les droits qui sont l'objet de la législation civile.

En effet, en regardant cette division comme la base
fondamentale du système , il n'est pas exact de dire qu'on
a mêlé aux deux premiers livres beaucoup de choses
qui auraient dû être rapportées au dernier , comme étant

---

(1) M. Bauer suppose avec M. Locré, et d'après son autorité, que l'état civil, matière du livre Ier., se compose des diverses capacités et incapacités des individus.

2

aussi des moyens d'acquérir. M. *de Malleville* cite pour exemple, entre les matières du liv. Ier, le mariage (1), le divorce, la filiation, l'adoption et la puissance paternelle ; et entre celles du deuxième livre l'accession, l'usufruit, l'usage, l'habitation et les servitudes.

Mais si le mariage produit certains effets relativement aux biens des époux, et s'il est, sous ce rapport, un moyen d'acquérir, il produit aussi des effets purement personnels, abstraction faite des biens ; par exemple, le devoir de la cohabitation commune, celui de la fidélité, etc., etc. ; ces effets sont même les principaux, tandis que les effets du mariage, par rapport aux biens, sont purement accidentels.

Il s'ensuit que l'on avait à traiter dans le livre Ier du Code, des rapports *purement personnels* qui naissent du mariage, et dans le liv. IIIe, *des rapports qu'il produit relativement aux biens*. Ce qui vient d'être dit du mariage, s'applique au divorce ; il en est de même de la filiation et de la puissance paternelle. A la vérité on ne peut nier que l'usufruit légal, accordé aux père et mère en vertu de cette puissance, ne soit un moyen d'acquisition (2);

——————————

(1) Nous omettons à dessein la matière de l'absence, qui effectivement ne nous paraît pas à sa place, comme nous le dirons dans la section suivante.

(2) On ne doit jamais perdre de vue l'observation que nous avons faite plus haut. Le législateur ne peut pas s'asservir scrupuleusement à son système : forcé de réunir toutes les dispositions relatives à la même matière, il est souvent obligé de traiter cumulativement, et des rapports purement personnels,

mais cet usufruit n'est qu'un effet purement accidentel
de la puissance paternelle; dont l'effet principal, suffi-

---

et des rapports avec les choses, qui naissent d'un état ou
d'une qualité juridique. Ce n'est point un défaut de la loi,
mais la conséquence nécessaire de la ligne de démarcation
qui existe entre la législation et la doctrine. La première a fait
assez pour faciliter la tâche de la dernière, lorsqu'elle adopte
son système dans la distribution générale des matières, et
lorsqu'elle s'y conforme en renvoyant à la division qui leur
est assignée, les rapports de chaque espèce, toutes les fois
que les règles y relatives forment encore, pour chaque espèce
de rapports, une masse de préceptes assez volumineuse pour
mériter une place séparée dans l'économie de la loi. Lorsqu'au
contraire, une institution, outre ses effets principaux purement personnels, produit encore accidentellement quelques
effets secondaires par rapport aux biens, mais qui ne four-
nissent matière qu'à très-peu de dispositions, le législateur,
au lieu de les isoler, les réunit aux règles sur les effets principaux de la même institution. C'est en partant de ce principe
que la loi traite, en deux titres distincts, des effets purement
personnels du mariage et de ses effets par rapport aux biens;
tandis que les dispositions sur les effets que produisent par
rapport aux biens la puissance paternelle et l'adoption, ont
été réunies aux règles sur les effets personnels de ces institutions.

On nous objectera peut-être que l'adoption étant dans
notre droit plutôt un pacte successif qu'une imitation de la
paternité, les effets qu'elle produit relativement aux biens sont
ses effets principaux; et que, conséquemment, elle aurait dû
être renvoyée au liv. III. Nous répondrons que dès que l'adoption produit quelques effets purement personnels, par ex.,

samment énoncé par les termes même de *puissance paternelle*, est entièrement personnel, et existe, lors même que le père et l'enfant ne possèdent aucune espèce de propriété. Pour prouver que les règles sur l'accession, l'usufruit, l'usage, l'habitation et les servitudes se trouvent également exposées à leur véritable place, il suffira de rappeler que le Code considère d'abord les choses en état de repos, avant de s'occuper de leur circulation. Il commence par fixer l'étendue des droits de propriété, et par déterminer les modifications que des droits acquis par des tiers peuvent y apporter, avant de parcourir les différentes manières d'acquérir ces mêmes droits. D'après ce plan, il était necessaire de régler les effets de la propriété pleine, et ceux de la propriété modifiée, avant de s'occuper des règles sur les rapports multipliés qui font passer cette propriété d'une main dans l'autre, ou qui en restreignent, en affranchissent l'exercice entre les mains du propriétaire. Il n'y a donc que quelques articles relatifs à la manière d'acquérir un usufruit ou une servitude,

---

un empêchement au mariage, il devait en être question dans le livre Ier, parcequ'autrement l'énumération des droits résultans des rapports purement personnels, aurait été incomplète; que dès lors on a dû réunir, dans un seul titre, les dispositions peu nombreuses relatives à l'adoption; que d'ailleurs les rapports purement personnels doivent toujours être considérés comme rapports principaux, et qu'enfin, malgré le changement de législation, l'adoption française conserve encore quelques couleurs d'une imitation de la paternité, quoique cette imitation soit moins parfaite que chez les Romains.

que la doctrine puisse renvoyer à l'exposition des différentes manières d'acquérir la propriété ; mais que le législateur , pour ne pas démembrer les matières , a préféré
joindre aux autres dispositions sur le même sujet.

L'acception que M. *Locré* attache au terme de propriété , n'est pas inconciliable avec le système que nous
établissons ; mais en admettant que le droit civil n'ait
qu'un objet *unique*, savoir , la propriété dans cette acception étendue , on ne saurait disconvenir du moins ,
que cette propriété ne confère un droit sur la personne ,
dans les matières du liv. Ier, et un droit sur les choses ,
dans les matières du IIIe. livre , ce qui nous ramène
d'une manière moins claire à notre système : nous disons
d'une manière moins claire , parcequ'il répugnera toujours de confondre sous la même dénomination un droit
que l'on réclame sur une personne douée d'intelligence
et qui ne peut ni aliéner son indépendance , ni perdre
le droit de disposer de soi - même , avec les droits que
nous pouvons avoir sur un objet inanimé , susceptible de
passer tellement dans notre possession que nous avons
jusqu'au droit d'en abuser.

TROISIÈME OBJECTION.

*La division du Code s'écarte de celle du droit Ro-
main et de celle adoptée par* DOMAT.

Plusieurs jurisconsultes auraient désiré que l'on eût suivi
dans la distribution des matières réglées par le Code Napoléon , le même système qui passe communément pour
être celui du droit Romain. Si M. de Malleville regarde

la division du Code comme meilleure que celle des Institutes, cet avis n'est pas celui de tout le monde, et il est
beaucoup de personnes qui donnent la préférence à l'ordre suivi dans la loi romaine. Enfin nous avons déjà vu
plus haut que la division suivie par *Domat* et par *Despeisses*
est regardée par M. *de Maleville* même, comme préférable,
en raison de sa simplicité, à celle suivie par le Code.

Nous allons examiner s'il y a lieu de regretter qu'au lieu
d'adopter l'une ou l'autre de ces divisions déjà consacrées
par l'usage, on leur en ait préféré une nouvelle.

Observons d'abord que la division du droit civil en trois
grandes parties, — *les personnes*, — *les choses*, — *les
obligations*, — n'est pas établie par le texte même des
Institutes, mais qu'elle est l'ouvrage des jurisconsultes.

Les Institutes traitent dans le liv. Ier., *des personnes* ;

Dans le deuxième, *de rerum divisione et adquirendo
earum dominio*. Ce livre se termine par la succession testamentaire.

Le livre troisième, par continuation, commence : *de
hereditatibus quæ ab intestato deferuntur*. Les tit. 1 —13,
de ce même livre, sont consacrés à cette matière.

Au titre 14 du liv. III, commence la matière *des obligations*, qui se termine au liv. IV, avec les obligations qui
se *forment sans convention*.

Enfin le reste du liv. IV (depuis le titre 6 jusqu'à la
fin), traite *des actions*, *des exceptions*, *des explications*,
de interdictis, *de officio judicis*, *de publicis judiciis*.

Si nous comparons l'ordre du Code Napoléon avec
l'ordre suivi dans le texte des Institutes, nous verrons que
la principale différence consiste en ce que le Code, en

distinguant les actions correspondantes aux droits de toute espèce, des règles relatives à l'exercice de ces actions, a renvoyé ces dernières au *Code de Procédure* (1).

Or, c'est une séparation si naturelle que l'on ne saurait en méconnaître les avantages, et il est même à regretter qu'on ne l'ait point exécutée avec plus de rigueur, en élaguant, lors de la nouvelle rédaction du Code, les règles de procédure qu'il renferme encore en trop grand nombre dans les titres *du divorce, des successions, de la contrainte par corps,* et de *l'expropriation forcée.*

On ne saurait non plus s'empêcher de reconnaître que la *distribution partielle* des matières ne soit faite dans le Code avec bien plus de méthode que dans les Institutes, où des matières tout-à-fait hétérogènes se suivent souvent immédiatement ; par exemple, — l'usufruit, — l'usucapion, — les donations, — les titres *quibus alienare licet et per quas personas cuique acquiritur,* — les testamens, — la succession *ab intestat,* — les obligations.

Il nous semble bien difficile de reconnaître dans cet ordre le système des jurisconsultes, basé sur la division des

---

(1) *Rapport du tribun Goupil-Prefeln sur le tit.* 1 *du liv. II du Code* : « Le peuple Romain, ce premier législateur de l'antiquité, avait établi trois divisions principales de ses lois, *les personnes, les choses* et *les actions.* Notre Code Civil ne traitera point de la troisième division qui formera un Code spécial, le Code judiciaire. Après avoir réglé ce qui est relatif aux *personnes,* il contiendra les dispositions *relatives aux biens.* »

des droits que l'on peut avoir sur les choses en *jura in re*, et *jura ad rem*. La matière des obligations commence au milieu du liv. III, et la transition qui y est employée, *nunc transeamus ad obligationes*, n'annonce point le commencement d'une division principale ; c'est par la même transition que commence le tit. 23 du liv. II : *nunc transeamus ad fideicommissa*. Examinons donc si le système de l'école, que nous ne reconnaissons pas pour être celui des Institutes, est préférable, en lui-même à celui du Code Napoléon (1).

Ce système, en admettant la division principale du Code *en rapports entre les personnes, abstraction faite des choses, et rapports entre les personnes relativement aux choses,* subdivise les droits résultans de cette dernière espèce de rapports, en droits que l'on peut poursuivre contre tout possesseur de la chose (*jura in re*), et droits que l'on ne peut poursuivre que contre certaines personnes déterminées (*jura ad rem*). On doit bien remarquer que , bien que cette division ait été généralement adop-

---

(1) Il ne serait pas difficile de prouver que les Romains appelaient *jus in re*, tout droit quelconque exercé sur une chose *après sa tradition* ; conséquemment, même le droit du fermier sur la chose louée; et *jus ad rem*, toute relation juridique qui donnait droit à un fait quelconque de la part d'une personne. (L. 2, § 22 de vi bon. rapt. L. 19, ff. de damno infect. L. 30, ff. de noxal. act. L. 71, § 5, de legat. 1°. L. 3, pr. ff. de ob. et act.) On ne trouve dans le corps de droit aucune trace de l'idée que l'Ecole a attachée depuis aux termes de *jus in re* et *jus ad rem*.

tée, les jurisconsultes n'ont jamais pu s'accorder ni sur une définition suffisante des droits réels et personnels, ni sur la classification de ces droits, ni enfin sur le nombre des *jura in re*, que quelques-uns portent à sept (en y comprenant l'emphythéose, la dot et la possession), tandis que la plupart n'en admettent que quatre.

Un auteur allemand, justement célèbre (1), a prouvé sans réplique, que la *liberté*, la *puissance paternelle*, etc., etc., sont également des *jura in re*; qu'en conséquence le *jus in re* n'est pas toujours un droit sur une chose, de même que le *jus in personam* n'est pas toujours un droit contre une personne déterminée; qu'enfin les termes, *obligatio et jus in personam*, ne sont aucunement synonymes, mais que l'obligation n'est qu'une espèce des droits personnels.

Il nous semble que l'on ne saurait faire un reproche au législateur de n'avoir pas adopté pour base une division aussi contestée, généralement mal exposée (2), et sur la-

---

(1) Thibaut, Versuche uber einige theile der theorie des Rechtes, vol. 2, pag. 25 et suivantes.

(2) Un auteur allemand très-connu (*Hœpfner*, *commentar*, § 1097 et 1098) nous apprend entr'autres, que les actions personnelles sont celles qui ne peuvent être « intentées contre » tout possesseur; mais qu'il est quelques actions personnelles » qui ont cela de particulier, qu'elles peuvent être intentées » contre tout possesseur; » c'est-à-dire, qu'il y a des actions, qui ne sont accordées que contre certaines personnes déterminées, mais qui ont cela de particulier, qu'elles peuvent-être intentées contre tout possesseur indistinctement.

quelle on n'aurait pu construire l'édifice de la loi, sans entrer préalablement dans la discussion des controverses théoriques.

Passons à l'examen du système de *Domat* et de *Despeisses*. — Ces deux auteurs, après avoir mis dans un livre préliminaire les notions nécessaires sur les personnes et sur les choses, ont divisé toutes les lois civiles en deux parties, *les contrats* et *les successions* (1). Le système du Code nous paraît avoir trois avantages évidens sur cette division :

1°. En ce qu'il traite, dans leur place naturelle et avec l'étendue convenable, les rapports *purement personnels*, les plus importans de tous ceux qui sont l'objet de la législation civile;

2°. En ce qu'il considère les choses en *état de repos*, et détermine l'étendue des droits que l'on peut avoir sur elles, avant de s'occuper des contrats et des successions, qui ne sont que des manières différentes d'acquérir ces mêmes droits;

3°. En ce qu'il ne met pas le législateur dans la nécessité d'assigner à tous les moyens d'acqué-

(1) Comme la succession transfère à l'héritier non-seulement les *droits de propriété* du défunt, mais aussi ses *obligations actives et passives*, nous sommes loin de faire un reproche au système de Domat, de ce qu'il traite des successions après les contrats, mais nous regardons comme le principal défaut de ce système, d'assigner aux rapports de famille une place trop subalterne.

tir, quels qu'ils soient, une place dans l'une de ces divisions principales. C'est ainsi que *Domat*, ne sachant dans quel lieu exposer les règles relatives à la possession et à l'usucapion, en traite dans le livre III, *des suites qui ajoutent aux engagemens, ou les affermissent.* (Sect. 7, pag. 258—276 de l'édition de 1713).

TROISIÈME SECTION.

Remarques sur la place qui a été assignée à quelques matières et à quelques dispositions particulières du Code.

Après avoir défendu le système du Code contre les principales objections par lesquelles nous l'avons entendu combattre, l'impartialité nous oblige à dire que la belle idée qui sert de base à ce système, a été quelquefois perdue de vue dans l'exécution, et, qu'à notre avis, on s'est écarté plus d'une fois, sans aucun motif plausible, de l'ordre qu'elle assignait à chaque matière de la législation civile. Quelques-unes des observations suivantes pourront paraître minutieuses ; mais nous prions nos lecteurs de remarquer, qu'en matière de législation, rien n'est sans importance.

Nous avons déjà exprimé plus haut le désir, que le Code eût été précédé d'un *livre préliminaire,* ou d'une *partie générale,* contenant, non des maximes de morale et de doctrine, comme celui qui se trouve à la tête du projet de Code publié par la commission, mais des notions générales sur les personnes et leurs différens états, sur les choses et leur division , sur les rapports qui peuvent exister entre les hommes en société , et sur les droits qui naissent de ces rapports relativement aux·choses. Ce livre préliminaire aurait offert une place convenable pour énoncer différens principes généraux, que l'on cherche en vain dans le Code , ou qu'on y trouve inopinément à une place où l'on ne pouvait pas les chercher. On n'aurait pas été obligé alors de traiter du *conseil de famille* dans le *titre de la tutelle* , tandis que le titre du mariage en suppose déjà l'existence (1) ; on n'aurait certainement pas renvoyé la définition *de la possession* au titre *de la prescription*, tandis que le titre *de la propriété* règle déjà (2) l'un des effets principaux *de la possession* ; on n'aurait pas traité pour la première fois *de la parenté* dans le titre des *successions*, tandis que le titre du mariage en établit déjà des effets (3) ; on aurait probablement réuni dans ce livre la plupart des *dispositions générales* intercalées entre le deuxième et le troisième livre, ainsi que celles qui sont dispersées dans d'autres titres, comme les art. 543 , 530 ; on y trouverait sans doute aussi une disposition sur la na-

---

(1) Dans tous les cas , il nous paraît que c'est mal à propos que les dispositions relatives à la *composition de ce conseil* se trouvent intercalées dans la section , *de la tutelle dative*, tandis que les attributions de ce conseil s'étendent sur toutes les fonctions du tuteur.

(2) Art. 549 et 550.

(3) Art. 205.

ture des droits accordés aux enfans naturels, que l'on ne peut classer ni parmi les *droits de succession*, ni parmi les *créances;* enfin, on n'aurait certainement pas renvoyé à la fin du Code la règle qu'*à l'égard des choses mobilières, possesion vaut titre* (1).

Mais en abandonnant même cette idée d'un livre préliminaire ou d'une partie générale, il nous semble encore que plusieurs matières auraient dû obtenir une autre place dans la distribution adoptée par le Code. C'est ainsi que dans le *titre de l'absence*, nous distinguons trois espèces de dispositions :

  1°. Celles qui ont pour objet les mesures à prendre pour la conservation des biens de l'absent, jusqu'au moment de l'envoi en possession ;

  2°. Celles relatives à l'envoi en possession provisoire et définitif;

  3°. Celles relatives à la tutelle des enfans de l'absent.

Il nous semble que les dispositions relatives à l'*envoi en possession*, qui n'est qu'une *succession anticipée et conditionnelle,* auraient trouvé plus naturellement leur place au *titre des successions;* que celles relatives aux mesures à prendre *pour la conservation des biens de l'absent,* auraient pu être mises à la suite de la section du titre de l'interdiction qui traite du *conseil judiciaire* du prodigue; qu'enfin celles relatives à la *tutelle* des enfans de l'absent auraient dû être insérées au titre de la *tutelle,* surtout si

---

(1) Art. 229.

la définition légale de l'absence, *qui renferme un véri-*
ritable précepte législatif, avait trouvé sa place dans le
livre préliminaire.

Nous avouons cependant, que si l'on voulait régler dans
un même titre toutes les suites de l'absence, ce titre devait nécessairement trouver sa place dans le livre Ier, l'absence étant un état purement personnel.

Il serait bien plus difficile de justifier le mélange des
règles relatives à l'*usucapion* (ou la *presciption acqui-*
sitive), avec les règles relatives à la *prescription* (*extinc-*
tive) et celui des règles relatives à la *prescription ré-*
gulière, avec celles concernant les *prescriptions irré-*
gulières établies par les articles 2272 et suivans. C'est
ainsi que le seul ordre numérique des articles nous indique que le serment ne peut pas être déféré dans le cas
des prescriptions établies par les articles 2276 et 2277,
tandis qu'il peut l'être dans le cas de celles établies par
les articles immédiatement précédens.

Parmi les dispositions renfermées dans le chapitre 6
du titre du mariage, il en est plusieurs qui auraient dû
être renvoyées, à notre avis, au titre du *contrat de*
mariage.

Il n'est question des *droits des enfans* légalement re-
connus, qu'au *titre des successions.* Le Code ne consacre
donc ni le droit de ces enfans à une éducation convenable, ni leurs droits *à des alimens* du vivant de leurs père
et mère, droit qui leur compète cependant si incontesta-
blement, qu'il leur est accordé par la jurisprudence,
nonobstant le silence de la loi.

L'article 815, qui établit la règle générale et applicable à toute copropriété, *que nul ne peut être contraint à rester dans l'indivision*, ne paraît pas convenablement placée au commencement du chapitre du *partage des successions*. La disposition importante et si féconde en conséquences, qui déclare *rachetables toutes les rentes perpétuelles*, se perd de vue entre les divisions réglementaires sur la *distinction des biens*. Les principes *généraux* sur *les legs* se trouvent dans la sixième section, intitulée, des legs *particuliers* (art. 1018, 1019, 1022 et suiv.) Il n'est question des *dommages-intérêts* que par rapport à la *non-exécution d'une obligation conventionnelle* (art. 1146 à 1155); et les règles sur les différens *genres de preuves*, ne sont également établies que par rapport à la *preuve des conventions*. On ne peut guère penser à chercher, dans la section du *legs universel*, les dispositions sur l'*ouverture des testamens*; ni dans la section *de la garantie des défauts de la chose vendue*, la disposition de l'art. 1647 qui met le *cas fortuit* à la charge de l'acheteur; ni dans le chapitre *des servitudes légales*, l'art. 681 qui n'énonce qu'une conséquence de l'art. 640; ni enfin dans le titre *des servitudes qui dérivent de la situation des lieux*, l'art. 646, qui n'énonce qu'une suite du *droit de propriété*.

On a aussi critiqué la place assignée à l'art. 636, relatif *aux droits d'usage dans les bois et forêts*; et nous avions partagé cette opinion, parcequ'il nous avait paru que les restrictions apportées par les lois administratives à la jouissance du propriétaire, ne pouvaient être considérées que comme *des servitudes légales*, et que les droits d'usage d'un tiers dans les forêts d'autrui ne pouvaient avoir lieu que sous le titre de *servitude conventionnelle ;* mais la définition des servitudes, contenue dans l'article 637, nous a fait abandonner cette opinion, du moins par rapport aux droits des usagers ; car ces droits étant accordés à la personne et non au profit des héritages de l'usager, ils ne constituent pas une servitude proprement dite, mais une jouissance qui s'approche de l'usufruit, et qui tient le milieu entre les droits de jouissance séparés de la propriété, et les servitudes ; elle tient aux premiers, en ce qu'elle est accordée à la personne, et aux secondes, en ce qu'elle ne s'éteint pas avec la mort de l'usager. Il faut donc convenir qu'on aurait pu difficilement assigner une place plus convenable à l'art. 636.

TITRE II.

Des sources du Code Napoléon.

Les sources du Code Napoléon sont au nombre de cinq :

Le Droit Romain ;

Le Droit Coutumier ;

Les anciennes Ordonnances ;

La Jurisprudence des Arrêts ;

La Législation intermédiaire.

PREMIÈRE SECTION.

Du Droit Romain.

Le Droit Romain est la première et la principale source du Code Napoléon, surtout dans les matières du IIme

et

et du IIIᵉ livre (à l'exception cependant du régime de la communauté entre époux, des donations entre-vifs, des successions et du régime hypothécaire). Ce droit n'a eu, au contraire, qu'une influence très-secondaire sur les lois personnelles renfermées dans le premier livre du Code. Le motif de cette différence est que les rapports personnels sont réglés en grande partie par les mœurs, qui ne résistent pas à l'influence du temps ; tandis que les rapports avec les choses se règlent par un principe unique, qui est de tous les temps et de tous les pays ; *l'équité naturelle*, dont le droit romain est si profondément empreint (1). Plus de deux mille

---

(1) *Exposé des motifs du titre* DES CONTRATS, *par le Conseiller d'Etat Bigot-Préameneu.* « Le titre du Code Civil ayant pour objet les contrats, ou les obligations conventionnelles en général, offre le tableau des rapports les plus multipliés des hommes en société. Les obligations conventionnelles se répètent chaque jour, à chaque instant. Mais tel est l'ordre admirable de la Providence, qu'il n'est besoin, pour régler tous ces rapports, que de se conformer aux principes qui sont dans la raison et le cœur de tous les hommes. C'est là, c'est dans l'équité, c'est dans la conscience que les *Romains* ont trouvé ce corps de doctrine, qui rendra immortelle leur législation.

» Avoir prévu le plus grand nombre des conventions auxquelles l'état des hommes en société donne naissance ; avoir balancé tous les motifs de décision entre les intérêts les plus opposés et les plus compliqués ; avoir dissipé la plupart des nuages dont souvent l'équité se trouve enveloppée ; avoir

années ont amené un changement si complet dans les
habitudes et dans la civilisation des peuples , que des lois
faites à une époque aussi reculée , ne sauroient s'appliquer maintenant aux relations de l'union conjugale , ni
aux rapports qui existent entre les pères et les enfans ;
mais la justice est restée la même, et les siècles n'en ont
pu altérer , ni le sentiment gravé dans la conscience de
l'homme , ni les décisions écrites dans les pages de la législa-
lation romaine.

---

rassemblé tout ce que la morale et la philosophie ont de plus
sublime et de plus sacré ; tels sont les travaux réunis dans cet
immense et précieux dépôt qui ne cessera de mériter le
respect des hommes ; dépôt qui contribuera à la civilisation du
globe entier ; dépôt dans lequel toutes les nations policées se
félicitent de reconnaître la raison écrite. Mais ici on doit déclarer qu'en cherchant à remplir cet objet, on n'a point entendu arrêter ou détourner la source abondante de richesses
que l'on doit toujours aller puiser dans le *Droit Romain. Il
n'aura pas l'autorité de la loi civile en France* ; il aura l'empire que donne la raison sur tous les peuples. La raison est
leur loi commune. C'est un flambeau dont on suit spontanément la lumière. Elles seraient bien mal entendues les dispositions du Code Civil *relatives aux contrats ,* si on les envisa-
geait autrement que comme des règles élémentaires d'équité,
*dont toutes les ramifications se trouvent dans les lois ro-
maines.* C'est là que sont les développemens de la science du
juge et de l'injuste ; c'est là que doivent s'instruire tous
ceux qui voudront y faire quelques progrès, et en général
tous ceux qui seront chargés de la défense ou de l'exécution
des lois consignées dans le Code Français. »

Cependant on n'a pas adopté toutes ces décisions aveuglément et sans choix. Si la justice est éternelle, ses formes sont variables, parce que la première est innée, et que les secondes sont le résultat d'institutions positives ; si le fonds de cette législation est le patrimoine commun de tous les peuples, comme le produit de la raison qui les éclaire tous de son flambeau, ses divisions, ses distinctions sont l'ouvrage de l'école, et les décisions du magistrat ont dû souvent dépendre de circonstances particulières.

Les principes suivans paraissent avoir dirigé les auteurs du Code Napoléon dans l'usage qu'ils ont fait des collections de Justinien pour le travail dont ils étaient chargés.

1°. Ils ont retiré du vaste dépôt de ces collections, « une suite de règles qui, réunies, pussent former un » corps de doctrine élémentaire, ayant à la fois la précision et l'autorité de la loi (1). »

2°. Parmi ces règles, on a fait choix des principes les plus féconds en conséquences, en les dépouillant des subtilités de l'école, en en écartant les divisions qui tenaient aux institutions du peuple Romain, et surtout en omettant cette foule de décisions particulières et d'exemples d'application, aussi précieux pour la doctrine que dangereux pour la législation, parceque souvent on a négligé de rapporter les nuances qui distinguaient deux hypothèses, analogues en apparence, et sur lesquelles nous trouvons des

_____

(1) Paroles du même orateur.

décisions opposées, qui dès lors nous doivent paraître contradictoires.

3°. En même temps on a fait cesser les doutes nés de ces contradictions apparentes, qui, « sur plusieurs » points importans, n'avaient point encore été levés, » et ceux qui ayant donné occasion à diverses jurispru- » dences, faisaient regretter qu'il n'y eût pas d'unifor- » mité dans la partie de la législation qui en est la plus » susceptible. »

4°. Enfin, on doit remarquer que c'est moins sur le texte même que ce choix a été fait, que dans les ouvrages de *Domat*, et particulièrement de *Pothier* (1), comme on pourra facilement s'en convaincre, en conférant le titre du Code Napoléon sur les obligations conventionnelles, avec le Traité des Obligations de ce célèbre auteur. Cette circonstance est extrêmement importante à saisir, parceque *Domat* et *Pothier* ont écrit l'un et l'autre sous l'influence du droit coutumier ; il en est résulté, que les principes du droit romain n'ont pas toujours été adoptés dans toute leur pureté, ou poursuivis dans leurs résultats avec cette conséquence rigoureuse et souvent dure, qui caractérise les décisions renfermées dans le Digeste. Souvent la règle *summum jus, summa injus-*

---

(1) « C'est un ouvrage que dans le siècle dernier les jurisconsultes les plus célèbres des diverses parties de l'Europe ont désiré, qu'ils ont préparé par de grands travaux. La France met, sous ce rapport, au nombre des ouvrages les plus parfaits, ceux de Domat et de Pothier »(*même discours*).

titia a prévalu, et la conséquence juridique a dù fléchir devant l'équité et l'indulgence, qui formaient le caractère distinctif de l'ancien droit contumier (1). Il est difficile à décider si c'est l'objet d'un reproche à faire au Code Napoléon, ou d'un éloge à lui donner, que dans les parties empruntées du droit romain, sa législation soit moins rigoureusement conséquente, mais plus douce que celle de son modèle; du moins l'on a assez généralement regretté que dans la discussion des principes *sur la mort civile,* la conséquence juridique ait remporté une victoire bien cruelle sur les droits de l'épouse, si énergiquement défendus par Sa Majesté l'Empereur et Roi (2),

---

(1) Nous remarquerons entr'autres les dispositions très-importantes de l'art. 1184, dont les effets s'étendent sur toute la matière des contrats.

(2) *Paroles de* Sa Majesté l'Empereur et Roi, *dans la séance du conseil d'Etat, du* 16 *thermidor an* 9 (tom. 1, pag. 63). « Il serait donc défendu à une femme profondément convaincue de l'innocence de son mari, de suivre, dans sa déportation, l'homme auquel elle est le plus étroitement unie; ou si elle cédait à sa conviction, à son devoir, elle ne serait plus qu'une concubine. Pourquoi ôter à ces infortunées le droit de vivre l'un auprès de l'autre, sous le titre honorable d'époux légitimes ? La société est assez vengée par la condamnation, lorsque le coupable est privé de ses biens, lorsqu'il se trouve séparé de ses amis, de ses habitudes; faut-il étendre la peine jusqu'à la femme, et l'arracher avec violence à une union qui identifie son existence avec celle de son époux? Elle vous dirait : « Mieux valait lui ôter le vie; du

et toute la France applaudit à la disposition bienfaisante de l'article 18 du nouveau Code pénal qui, en complettant la législation du Code Napoléon sur la mort civile, donne au Gouvernement la faculté de récompenser le dévouement de la fidélité conjugale, et de faire commencer une nouvelle existence civile pour le malheureux que la société a été obligé de rejeter de son sein.

DEUXIÈME SECTION.

Du Droit Coutumier.

Avant la révolution, le droit coutumier, ou plutôt un grand nombre de coutumes différentes, se partageait avec le droit romain les provinces de l'ancienne France. Nous venons de remarquer l'influence indirecte que le droit coutumier a eue sur la rédaction du Code Napoléon dans les matières de cette législation, dont les premiers principes et la plupart des développemens ont été tirés des lois romaines; il a obtenu une influence bien plus directe sur d'autres matières.

Parmi ces dernières, le *régime de la communauté entre*

» moins me serait-il permis de chérir sa mémoire; mais vous » ordonnez qu'il vive et vous ne voulez pas que je le con- » sole. » Eh ! combien d'hommes ne sont coupables qu'à cause de leur faiblesse pour leurs femmes ! Qu'il soit donc permis à celles qui ont causé leurs malheurs, de les adoucir en les partageant. Si une femme satisfait à ce devoir, vous estimerez sa vertu, et cependant vous ne mettez aucune différence entre elle et l'être infâme qui se prostitue. »

époux occupe le premier rang. Quelques grandes que fussent les différences qui existaient entre les anciennes coutumes sur la composition de la communauté et sur le mode de sa liquidation, presque toutes admettaient une communauté quelconque, ne fût-ce qu'une communauté d'acquêts, et la disposition de l'art. 1393 du Code Napoléon qui fait du régime de la communauté légale, à défaut de stipulations spéciales, le droit commun de la France, est une véritable victoire remportée par le droit coutumier sur le droit romain (1).

Les principes sur la *nécessité de l'autorisation maritale* ont été tirés presqu'entièrement du droit coutumier, et particulièrement de la coutume de Paris.

_____

(1) On ne peut que s'en féliciter, si l'on considère la grande étendue des provinces coutumières qui avaient déjà précédemment adopté le système de la communauté, et qui formaient presque les deux tiers de la France. Il semble cependant que sous tout autre rapport, le régime dotal, très-simple dans ses principes, est plus propre à suppléer les stipulations des parties, que le régime très-compliqué de la communauté, qui entraîne nécessairement des comptes et des liquidations : d'ailleurs, le régime dotal, en conservant à chacun des époux ses propriétés, paraît mieux exprimer le vœu tacite de ceux qui se sont mariés sans contrat, que le régime de la communauté, qui, en établissant une copropriété d'une partie des deux fortunes, blesse toujours l'égalité de l'un ou de l'autre côté, et suppose nécessairement une renonciation tacite de la part de l'époux lésé, tandis qu'en règle générale les rénonciations ne se présument pas.

Il en est de même des principes *sur la puissance pater-nelle*. Les dispositions du titre 9 du liv. Ier du Code, se rapprochent beaucoup de la jurisprudence des anciennes provinces coutumières; et *l'usufruit légal* accordé aux pères et mères par l'art. 384, nous rappelle l'ancienne *garde noble et bourgeoise* (1).

---

(1) Si nous remontons aux premières époques de l'histoire du droit français, il devient très-probable que les provinces du Nord n'ont jamais adopté, ni le système du régime dotal, ni les principes du droit romain sur la puissance paternelle. Nous savons, par les commentaires de César, qu'avant la conquête entière des Gaules par ce grand capitaine, elles suivaient le régime de la communauté. Le même auteur nous apprend, à la vérité, que les pères jouissaient du droit de vie et de mort sur leurs enfans; mais ce n'est pas ce droit que l'on trouve établi chez tous les peuples barbares, et qui n'a jamais resisté aux progrès de la civilisation, qui forme le caractère distinctif du droit romain sur la puissance paternelle. Ce caractère consiste dans la fiction qui confond, dans une même personne juridique, le père et les enfans, et prolonge de cette manière la puissance paternelle jusqu'au terme de la vie du père. Il paraît que cette fiction était également inconnue aux Germains et aux Gaulois, et que chez les uns et chez les autres, la puissance paternelle cessait du moment où le fils, en état de porter les armes, occupait sa place dans la cité. La circonstance que la conquête des provinces du Nord ne fut achevée que par César, qui fut même obligé d'en retirer son armée peu après et de n'y laisser que des garnisons peu nombreuses, jointe au faible intérêt des Romains de changer la législation de ces provinces par rapport aux droits de famille, et à la crainte d'exaspérer les vaincus par des

Les dispositions *sur les servitudes légales* et sur la *mitoyenneté* en particulier, sont tirées pour la plupart de la coutume de Paris.

---

changemens qui auraient porté sur des intérêts chers à chaque citoyen, nous autorisent à supposer que l'ancien droit national fut maintenu par la force de l'habitude dans les rapports de famille, quoique les progrès de la civilisation aient fait adopter par la suite les lois *réelles* romaines. Cette supposition acquiert plus de vraisemblance encore, quand on considère que les provinces du Nord furent envahies les premières par les Barbares ; que lors de la renaissance du droit romain, elles repoussèrent la législation de *Justinien*, comme contraire à leurs habitudes ; tandis que les provinces du Midi, où le droit romain avait jeté des racines plus profondes à raison du voisinage de l'Italie, s'empressèrent de l'adopter spontanément, le trouvant conforme à leurs mœurs. Un résultat aussi opposé ne peut être attribué qu'à la circonstance que les provinces du Nord, ayant conservé une partie de leur ancien droit national sous la domination des Romains, le conservèrent encore par la seule force de l'usage après la destruction de toute législation écrite, pendant les siècles d'ignorance et de barbarie qui suivirent le règne de Charlemagne; et que les provinces du Midi, dans lesquelles toutes les traces de l'ancien droit national avaient disparu pendant la domination romaine, retinrent, comme usages, les dispositions du droit romain, qui avaient même passé dans la législation des *Visigoths*, et adoptèrent, en conséquence, avec empressement, les compilations de *Justinien*, comme conformes à leurs mœurs. Il paraîtrait suivre delà que la division de la France en *pays de droit écrit*, et *pays coutumier*, a existé dès le commencement de l'ère chrétienne.

Le principe si fécond en conséquences : *le mort saisit le vif* : qui se trouve en tête de la loi sur les successions, appartient au droit coutumier.

Il en est de même de celui, *ne dote qui ne veut*, qui a prévalu dans l'article 204, sur la disposition contraire du droit romain.

Les principes du *bail à cheptel* sont empruntés des coutumes de *Narbonne*, de *Nivernais*, de *Berry* et de *Bretagne*.

Enfin, il n'y a presqu'aucune des matières traitées dans le Code, qui ne consacre ou ne rappelle quelques dispositions de l'ancien droit coutumier, mêlées avec celles du droit romain. Ces législations, auparavant rivales, se sont confondues pour étendre leur empire ; les provinces de droit écrit et les provinces coutumières jouissent aujourd'hui simultanément des avantages qui étaient particuculiers à chacune d'elles.

TROISIÈME SECTION.

Des anciens Édits, Ordonnances et Déclarations.

Parmi les matières du Code dont on retrouve les bases dans les anciennes lois royales, nous citerons :

1°. *Les actes de l'état civil* (1). On trouve dans l'or-

---

(1) Nous distinguons la législation sur la forme des actes de l'état civil et sur la foi qui leur est due en justice, du principe de leur *sécularisation*. La première est tirée des anciennes ordonnances et déclarations, l'autre appartient à la législation intermédiaire.

donnance civile de 1667, les principes généraux du titre du Code Napoléon, *des actes de l'état civil*, et particulièrement dans l'art. 14 du titre 20 de cette ordonnance, la règle de l'art. 46 du Code sur les cas où la preuve résultant des actes de l'état civil peut être suppléée par d'autres genres de preuve. La forme des registres de l'état civil avait été réglée par la déclaration de 1736.

2°. Les principes sur *la mort civile* sont tirés en grande partie de l'ordonnance de Moulins, de celle de 1670 et de la déclaration de 1639.

3°. Les principes relatifs à la *nullité des mariages*, pour défaut d'un acte de célébration, ou pour raison des nullités ou irrégularités de cet acte, sont conformes à ceux consacrés par l'ordonnance de Blois, par la déclaration du 26 novembre 1639, et par l'édit du mois de mars 1697.

4°. Les ordonnances de 1731 et 1735 ont servi principalement de base aux dispositions du titre *des donations entre-vifs et des testamens.*

5°. La disposition de l'article 1341, dont l'influence s'étend sur toute la matière des contrats, avait déjà été établie par l'art. 54 de l'ordonnance de Moulins, et consacrée par l'art. 2 du titre 20 de celle de 1667.

6°. Les dispositions du titre de la *contrainte par corps* ont été tirées pour la plupart de cette dernière ordonnance (titre 27, art. 3, titre 34 en entier.)

QUATRIÈME SECTION.

De la Jurisprudence des Arrêts.

La jurisprudence des arrêts formait déjà , sous l'ancien régime , le complément de la législation civile. La France, en conservant la procédure publique , lui a été redevable par rapport à la législation d'un avantage immense , dont ses voisins d'outre-Rhin se sont privés eux-mêmes par la clandestinité de leur procédure. Chaque arrêt , quoique rendu dans une espèce particulière , et restreint, dans sa force exécutoire, aux parties entre lesquelles il est intervenu , renferme cependant une *interprétation doctrinale d'un point de jurisprudence*, qui mérite toute l'attention des légistes comme ayant été rendue après de mûres délibérations par une réunion de jurisconsultes distingués , et qui ne peut manquer d'obtenir indirectement, par la hiérarchie des tribunaux , une grande influence sur la pratique. Nous verrons dans la suite de ce traité que l'établissement d'une *Cour de Cassation* pour tout l'Empire a été l'unique moyen d'arriver à l'heureux résultat d'une harmonie parfaite entre la jurisprudence et la législation, et d'imprimer à la première le sceau de cette uniformité qui caractérise d'une manière si favorable la législation nouvelle.

Si l'indépendance des anciens parlemens a dû opposer un obstacle insurmontable à cette uniformité de principes , du moins la considération dont jouissait le *parlement de Paris ,* assurait à ses décisions une influence assez grande pour fixer la jurisprudence sur plusieurs questions de la plus haute importance ; les rédacteurs du Code Napoléon ont converti en lois quelques-unes de ces décisions, parmi lesquelles nous citerons celles relatives aux *effets de la possession d'état et aux mariages putatifs.* Un grand nombre d'autres ont été consultées et ont été prises en considération dans la discussion des controverses qui y avaient donné lieu.

CINQUIÈME SECTION.

Des Lois intermédiaires.

A l'époque de la discussion du Code Napoléon, une expérience de plus de dix ans avait fait sentir les avantages et les inconvéniens de la plupart des institutions créées pendant le cours de la révolution ; elles n'avaient pas encore jeté de racines assez profondes pour que le législateur n'eût pas la faculté de les supprimer, mais du moins elles avaient subi une épreuve assez longue pour qu'il fût à même de distinguer celles qui, par leur analogie avec les mœurs et l'esprit du siècle, pouvaient passer facilement dans les habitudes de la nation, de celles que l'empire des circonstances seul avait fait supporter. Heureusement les hommes éclairés qui présidèrent à cette discussion, surent s'élever assez au-dessus de tout esprit de parti, pour ne pas confondre les abus provoqués par l'effervescence révolutionnaire, avec les principes même de ces institutions.

C'est ainsi que le principe de la *sécularisation des actes de l'état civil et de l'indépendance du mariage civil du dogme religieux*, consacré par la loi du mois de septembre 1792, a été maintenue ;

Que l'*institution du divorce*, introduite en France par la trop fameuse loi du 20 septembre de la même année, a été conservée comme exception à la règle générale de l'indissolubilité du lien conjugal, en la restreignant toutefois dans des bornes très-étroites, et en l'entourant des précautions convenables pour prévenir tout abus de ce remède, reconnu nécessaire dans quelques cas extrêmes ;

Que le *conseil de famille*, créé d'abord pour le cas de divorce par la loi précitée, et chargé ensuite par la loi du 17 septembre 1793 de suppléer le consentement des père et mère pour le mariage des mineurs, a reçu une organisation plus complète et des attributions plus étendues ;

Que le principe de la *prohibition de la recherche de la paternité*, établi par l'art. 8 de la loi du 12 brumaire an 2, a passé dans l'art. 340 du Code Napoléon ;

Que l'*abolition des substitutions*, prononcée par les lois des 25 octobre et 14 novembre 1792, a été maintenue, de même que l'*abolition du droit d'aînesse*, prononcée par les lois des 15 - 28 mars 1790, et 8 - 15 avril 1791 ;

Que la *représentation* établie au profit des *neveux et nièces* par la loi du 5 brumaire an 2, a été consacrée par la disposition de l'art. 742 ;

Que la loi sur *les successions collatérales* a été basée sur le principe du partage égal entre les héritiers des deux lignes, établi par l'art. 83 de la loi du du 17 nivose an 2, en rejetant cependant la fiction de la représentation à l'infini en ligne collatérale, admise par la même loi;

Que le principe de la loi du 18 décembre 1790, sur le *rachat des rentes foncières,* se retrouve dans l'art. 530 du Code;

Que le principe sur *la nécessité d'une date certaine pour les actes sous seing-privé,* établi par les lois des 5 - 19 décembre 1790, 13 messidor an 3, et 22 frimaire an 7, se trouve consacré par la disposition de l'art. 1328;

Qu'enfin le nouveau *régime hypothécaire* a été organisé sur les bases de la *publicité,* exigée par le Code hypothécaire du 9 messidor an 3, et de la *spécialité* des hypothèques conventionnelles, consacrée par la loi du 11 brumaire an 7.

SIXIÈME SECTION.

Résultat.

Il résulte des détails exposés dans les cinq sections précédentes, que, dans presque toutes les matières du Code Napoléon, le législateur, au lieu de se frayer une route entièrement nouvelle, a mis à profit les leçons de l'expérience, en travaillant sur les matériaux renfermés dans les législations précédentes.

Nous verrons dans le titre suivant par quels principes il s'est dirigé pour coordonner ces matériaux dans son système et les modifier selon l'état de civilisation de la nation et l'esprit du siècle.

Il n'y a que les matières :

        De l'absence,

        De l'adoption et de la tutelle officielle,

        Et de la portion disponible,

Sur lesquelles le Code établit une législation tout-à-fait nouvelle, en fondant la première sur le principe de l'incertitude égale de la vie et de la mort de l'absent ; en s'écartant dans la seconde d'une imitation parfaite de la paternité pour se rapprocher davantage des pactes successifs, et en considérant la réserve légale comme une quotité de biens, sur laquelle la personne qui a des descendans ou des ascendans, n'a aucun droit de disposition.

TITRE III.

Principes par lesquels on s'est dirigé dans l'emploi des différens matériaux fondus dans le Code, et de sa rédaction (1).

PREMIÈRE SECTION.

Des principes par lesquels on s'est dirigé dans l'emploi des matériaux fondus dans le Code.

PREMIER PRINCIPE.

On a cherché à rapprocher et à concilier entr'elles les différentes législations dans lesquelles on a puisé pour la formation du Code.

Nous avons déjà remarqué plus haut avec quel soin on

---

(1) Je dois observer, que dans ce titre j'ai fait souvent usage

a cherché à concilier les deux législations romaine et
coutumière, qui s'étaient autrefois partagé les provinces de l'ancienne France ; c'est avec les mêmes soins que
l'on a coordonné au système général de la législation
civile, les institutions nouvelles, créées pendant le cours
de la révolution. Comme la législation intermédiaire ne
portait que sur celles des matières du droit civil qui
ont un rapport plus ou moins direct avec les lois po-

---

des recherches de M. le professeur *Bauer*, renfermées dans
son ouvrage cité plus haut, pag. 112; j'en ai fait usage surtout
dans les observations qui portent sur les choses de détail.
Quant aux principes généraux, je les avais tous établis il y a
trois ans, telles qu'on les trouvera exposés ci-après, dans l'introduction dont je fis précéder mon premier Cours sur le
C. N. Ce n'est pas un mérite bien grand, puisque je les ai
tirés des passages du discours préliminaire, et des exposés des
motifs du Code. J'ai cependant jugé cette observation nécessaire, parceque mon travail se rapproche beaucoup de celui de
M. *Bauer*, dans ce titre et dans le cinquième, (comme cela
n'était guères possible autrement, à cause des matières qui y
sont traitées). J'ai d'ailleurs voulu rendre hommage à cet
auteur des observations que je lui dois, et prévenir la pensée
que j'ai emprunté de lui toutes celles sur lesquelles je partage
son opinion. J'aurais pu me dispenser de cette mention,
si l'ouvrage de M. *Bauer* était plus connu en France, et
si je n'avais été bien aise de trouver cette occasion pour si-
gnaler aux jurisconsultes français les ouvrages et les écrits
de M. d'*Almendingen*, comme ceux d'entre tous les ouvrages
allemands sur le Code Napoléon, dans lesquels on retrouve
le plus purement l'esprit de notre législation.

litiques, il a fallu la dépouiller de la dureté des formes révolutionnaires, et la mettre en concordance, tant avec le système général de la législation civile, qu'avec les nouvelles constitutions de l'Empire (1).

C'est ainsi qu'en conservant le principe général du partage des successions collatérales entre les deux lignes, on a abandonné le système de *la refente* ;

Qu'à côté de l'ordre ordinaire des successions, le Code consacre un ordre particulier de successions pour les *majorats institués par le prince* ;

Que dans la législation sur les *droits des enfans naturels*, il tient le juste milieu entre la trop grande rigueur de l'ancienne législation, et la trop grande indulgence des lois révolutionnaires ;

_____

(1) *Exposé des motifs du titre préliminaire présenté en l'an* 10, *par le Conseiller d'Etat Portalis.* « Il se trouve
» dans la durée des états des époques décisives où les événe-
» mens changent la position et la fortune des peuples, comme
» certaines crises changent le tempérament des individus.
» Alors il devient possible et même indispensable de faire des
» réformes salutaires ; alors une nation placée sous un
» meilleur génie peut proscrire des abus qui l'accablaient, et
» reprendre à certains égards une nouvelle vie.
» Mais alors même, si cette nation brille déjà depuis long-
» temps sur la terre; si depuis long-temps elle occupe le pre-
» mier rang parmi les peuples policés; elle doit encore ne
» procéder à des réformes qu'avec de sages ménagemens; elle
» doit, en s'élevant avec la vigueur d'un peuple nouveau,
» conserver toute la maturité d'un ancien peuple. »

Qu'en rejetant *l'interdiction du prodigue*, abolie par la législation intermédiaire, « il le force néanmoins à pren-
» dre encore les conseils d'un homme sage, qui sauveront
» son patrimoine, et le ramèneront sans scandale à une
» vie raisonnable (1); »

. Qu'enfin, on a cherché dans toutes les occasions à effacer toute discordance ou opposition, soit entre les dispositions empruntées de législations différentes, mais parallèles, soit entre les dispositions conservées de l'ancien droit, et celles des lois nouvelles que l'on y a rattachées, en profitant de la crise politique dont la nation venait de sortir pour faire des réformes salutaires, mais qui n'auraient pas été sans danger dans toute autre circonstance.

DEUXIÈME PRINCIPE.

On a écarté de la rédaction du Code tout ce qui est du ressort de la doctrine.

« Un Code doit être dogmatique. La loi ne doit jamais
» être un raisonnement ni une dissertation (2). »

---

(1) M. Bigot-Préameneu, dans le procès-verbal du 13 brumaire an 11. (II. 141.)

(2) *Exposé des motifs du titre préliminaire présenté en l'an 10 par le Conseiller d'Etat Portalis.* « De plus il nous
» a paru sage de faire la part de la science et la part de la
» législation. Les lois sont des volontés. Tout ce qui est défi-
» nition, enseignement, doctrine, est du ressort de la science;

Conformément à ce principe, le Code ne contient de définitions que celles qui ne pouvaient en être retranchées, parcequ'elles renferment en même temps un précepte législatif; il ne contient aucune maxime de morale et de doctrine, très-peu de divisions et aucun développement des motifs de ces divisions et des liaisons qui existent entr'elles. Il se borne à établir des dispositions expresses prohibitives, impératives, et quelquefois facultatives.

C'est donc à tort que l'on a reproché au Code, comme une défectuosité, de ne pas renfermer les définitions des *droits civils*, du *mariage*, de *l'adoption*, de la *tutelle officieuse*, du *conseil judiciaire*, de *l'affinité*, des *obligations naturelles*, etc. etc. — Aucune de ces définitions n'auraient présenté une règle positive qui eût pu servir de boussole au magistrat dans la décision d'une contestation particulière; la plupart auraient été oiseuses, quelques-unes auraient presque nécessairement servi de point d'appui aux subtilités de la chicane (1).

» tout ce qui est commandement, disposition proprement » dite, est du ressort des lois.

» S'il est des définitions dont le législateur doit se rendre » l'arbitre, ce sont celles qui appartiennent à cette partie » muable et purement positive du droit, qui est toute entière » sous la dépendance du législateur même; mais il en est » autrement des définitions qui tiennent à la morale et à des » choses qui ont une existence indépendante des volontés arbitraires de l'homme. »

(1) Citons pour exemple la définition du mariage : en y faisant entrer le but de la procréation des enfans, cette défi-

Il nous semble au contraire que les divisions des contrats (art. 1102, 1106), des obligations (1168), des conditions (articles 1169, 1171), et particulièrement les règles sur l'interprétation des conventions (art. 1156, 1164) auraient également pu être abandonnées à la science. Il n'en est pas de même de la division des choses en *meubles et immeubles*, parcequ'il a fallu assigner une place aux droits corporels parmi les uns ou les autres ; les règles sur l'immobilisation de certaines choses mobilières par incorporation ou destination étant souvent arbitraires, ont dû trouver aussi leur place dans le chapitre consacré à cette division.

---

nition se trouve dans une certaine contradiction avec la loi civile, qui permet le mariage dans un âge où, du moins par rapport aux femmes, on a la certitude que ce but ne peut plus être atteint. Cependant personne ne saurait disconvenir qu'une définition du mariage dans laquelle la procréation des enfans ne se trouverait pas indiquée, comme *un des buts principaux* de cette institution, serait nécessairement incomplette. C'est parce que la loi ne peut pas, comme la doctrine, rendre compte des motifs qui nécessitent quelquefois des modifications d'une règle générale dans son application aux hypothèses particulières, ni expliquer les contradictions apparentes qui se trouveraient souvent entre la définition d'une institution et ses dispositions réglementaires, que *omnis definitio est in jure periculosa* ; c'est aussi parceque trop souvent les définitions nécessairement générales, servent de point d'appui pour argumenter contre les dispositions d'application de la loi.

Il est aussi certains principes législatifs que l'on cherche en vain dans le Code, quoiqu'il en énonce des consé-quences isolées. C'est ainsi que le principe *locus regit actum* formellement adopté dans la séance du Conseil d'Etat du 14 thermidor an 9 (I, 36), à l'égard des actes passés par des Français en pays étrangers, ou par des étrangers en France, ne se trouve pas dans le Code, quoi-que les articles 47 et 999 en énoncent des conséquences (1);

Que le principe qu'*un enfant conçu est réputé né lorsqu'il s'agit de son intérét,* se trouve présupposé par l'art. 393, sans que cependant cet article explique si le législateur a entendu admettre le principe général, ou s'il n'a voulu s'y référer que dans le cas particulier qui y est prévu (2);

Que le principe *que tous les actes passés avec un tu-teur avec l'observation des formalités spécialement dé-terminées par la loi, sont considérés comme s'ils avaient été passés avec un majeur* (principe que l'art. 1314 n'é-nonce que par rapport aux aliénations d'immeubles et aux partages de successions), placé à la tête du chapitre *de l'administration du tuteur,* aurait jeté un grand jour sur la matière et prévenu bien des suppositions erronées sur les cas dans lesquels un mineur peut obtenir la resti-tution en entier pour cause de lésion.

(1) Cette omission a donné lieu à la controverse si le Fran-çais peut consentir valablement un contrat de mariage dans un pays où l'institution du notariat français est inconnue.

(2) Delà, la controverse sur la validité de la reconnais-sance d'un enfant naturel déjà conçu, mais non encore né.

Le Code n'établit aucun principe sur la *collision des différentes preuves* ; il peut cependant arriver que deux preuves du même genre et de la même force se détruisent réciproquement (1).

On peut aussi faire des observations fondées contre quelques-unes des définitions consacrées par le Code ; contre celle *de la donation entre-vifs*, par exemple, en ce qu'elle n'énonce ni le *titre gratuit*, ni le *caractère d'une convention*, et que le terme *actuellement* qui s'y trouve semble exclure les donations conditionnelles : de même, la définition de *la condition* donnée par l'art. 1168 reçoit une très-grande modification par l'art. 1181.

Troisième Principe.

On a cherché à tenir le juste milieu entre une trop grande généralité de principes, et un détail trop munitieux de cas particuliers (2).

Ces deux écueils sont également dangereux en législation. Une loi qui contient un grand nombre d'exemples

---

(1) Nous avons vu présenter un testament dont la date était postérieure à l'acte de décès du testateur.

(2) « L'office de la loi est de fixer par de grandes vues » les maximes générales du droit, d'établir des principes fé- » conds en conséquences, et non de descendre dans le détail » des questions qui peuvent naître sur chaque matière. — » Les décisions qu'ils présentent sur l'application du principe » général aux cas particuliers, se trouvent dans les livres des » jurisconsultes. » *Discours préliminaire du projet de Code Civil.*

d'application, est nécessairement prolixe et volumineuse, sans être pour cela plus complète, parceque les hypothèses qui se présentent dans la pratique ne sont que très-rarement identiques avec les hypothèses sur lesquelles la loi a statué, et qu'il est impossible de prévoir toutes celles que la diversité des rapports sociaux fait naître journellement. D'ailleurs en supposant pour un moment, ce qui n'est guère possible, que tous les cas particuliers pussent être prévus et réglés, quel avantage en résulterait-il? Au lieu de diriger le magistrat dans l'exercice de son ministère, la loi en ferait un instrument passif, et ses décisions, conformes au texte, ne paraîtraient que trop souvent excessivement rigoureuses et même injustes eu égard à la position respective des parties. S'il est de l'essence des lois criminelles d'être inflexibles, et indépendantes de l'arbitraire du juge, jusqu'à un certain point, il est de l'essence des lois civiles, qui portent sur des transactions variables à l'infini, de laisser assez de latitude au juge pour qu'il puisse apprécier la bonne foi des parties et concilier des prétentions presque toujours réciproquement excessives (1).

---

(1) *Discours préliminaire.* « Les matières criminelles qui
» ne roulent que sur certaines actions sont circonscrites; les
» matières civiles ne le sont pas ; elles embrassent indéfini-
» ment toutes les actions et tous les intérêts compliqués et
» variables qui peuvent devenir un objet de litige entre les
» hommes vivant en société. Conséquemment les matières
» criminelles peuvent devenir l'objet d'une prévoyance dont
» les matières civiles ne sont pas susceptibles. »

D'un autre côté, cependant, il ne faut pas non plus
que la loi, en l'abandonnant tout-à-fait à ses propres lumières, compromette la fortune et les droits des citoyens.
Sous ce rapport, le Code Napoléon se distingue d'une
manière fort avantageuse tant du droit romain, que du
Code Frédéric, regardé, avant le Code Français, comme
la plus parfaite des législations modernes. Toutes les fois que
la décision d'un cas particulier est nécessairement subor-
donnée aux circonstances, le Code Napoléon n'établit aucune règle générale ; de même, fidèle à son but de servir
de guide au juge, il le renvoie aux usages locaux, toutes
les fois que la différence entre les espèces provient de la
diversité des usages que l'on n'aurait pu rendre uniforme
sans faire violence aux habitudes ou blesser les intérêts
des particuliers ; enfin, et on doit le remarquer, il ne s'en
repose sur les seules lumières et sur la conscience du juge,
que dans les cas où la diversité des espèces est le résultat
des rapports personnels, susceptibles de varier à l'infini.

C'est ainsi qu'il renvoie aux règlemens et usages locaux,
lorsqu'il s'agit de contestations :

> Sur l'usage et le cours des eaux (art. 645) ;
>
> Sur la distance à observer dans les plantations
> sur la ligne de séparation de deux héritages
> (art. 671) ;
>
> Sur la distance et les ouvrages intermédiaires re-
> quis pour certaines constructions (art. 674) ;
>
> Sur le délai dans lequel l'action résultant des vices
> rédhibitoires doit être intentée (art. 1648) ;
>
> Sur les délais à observer pour donner congé d'un
> bail fait sans écrit (art. 1736) ;

Tandis qu'il s'en réfère exclusivement à la prudence et
à la conscience du juge, lorsqu'il s'agit de décider :

> Quels sont les faits par lesquels on peut reconnaître si le changement de résidence a eu lieu sans esprit de retour (art. 105) ;

> S'il y a lieu de déclarer l'absence , eu égard aux motifs de la disparition et aux causes qui ont pu empêcher d'avoir des nouvelles de l'individu présumé absent (art. 117);

> Quels sont les faits de violence ou d'erreur qui rendent nuls un consentement apparent au mariage (art. 146 et 180) , ou à une convention (art. 1109 et suiv.) ;

> Dans quels cas l'inobservation des formalités prescrites pour la célébration des mariages , constitue une simple irrégularité , et dans quels cas elle doit entraîner la nullité du mariage (art. 192 et 193) ;

> Lorsqu'il s'agit de déterminer le montant des alimens dus entre parens (art. 208) ;

> Quels sont les excès , sévices , ou injures qui présentent le caractère de gravité requis pour donner lieu au divorce (art. 231);

> Quels sont les faits d'où résulte l'acceptation d'une succession (art. 778 et 779);

> Quels sont les défauts cachés qui constituent des vices rédhibitoires (art. 1641);

> Dans quels cas un règlement de part entre associés doit être regardé comme évidemment contraire à l'équité (art. 1854);

Quelles sont les obligations contractées par un
mineur émancipé , susceptibles de réduction
comme excessives , en considération de la
fortune du mineur et de l'utilité des dépenses
(art. 484) ;

Lorsqu'il s'agit de concilier, dans les contestations
sur le cours et l'usage des eaux , l'intérêt de
l'agriculture , avec le respect dû à la propriété
(art. 645) ;

Dans les contestations auxquelles le droit d'accession peut donner lieu , quand il a pour objet
des choses mobilières appartenant à deux maîtres
différens (art. 565) ;

Lorsqu'il s'agit de rechercher dans une convention quelle a été la commune intention des parties contractantes (art. 1156) ;

S'il y a lieu d'accorder un délai au débiteur
contre lequel la résolution d'un contrat synallagmatique est demandée pour cause d'inexécution de ses engagemens (art. 1184 et 1655) ;

S'il y a lieu d'accorder un délai à l'emprunteur
pour la restitution (art 1900) (1).

_____

(1) C'est à tort qu'on a mis dans la même classe les contestations qui ont pour objet les demandes en restitution en
entier, sous prétexte de lésion, contre les engagemens contractés par un mineur. La question de savoir s'il y a lésion ou
non est une simple question de fait, qui est hors du domaine
du législateur ; mais dès qu'il y a une lésion quelconque, le
juge est obligé de prononcer la restitution (art. 1305),

Quelques-unes de ces dispositions ont été critiquées comme laissant une trop grande latitude au juge : en effet, il semble que dans les cas prévus par les art. 1648 et 1762, on aurait pu ramener sans inconvénient les divers usages locaux à des règles uniformes, mais il nous paraît que c'est à tort qu'on a réclamé des règles positives sur les cas où un consentement apparent au mariage doit être déclaré nul, comme étant vicié par erreur ou violence.

QUATRIÈME PRINCIPE.

On a pris un soin particulier pour régler les formes civiles des actes, et en assurer la preuve (1).

Le moyen le plus efficace pour assurer les droits des parties, est sans doute de les mettre dans la nécessité de donner à leurs transactions une forme qui écarte toute incertitude, et qui leur procure la preuve la plus propre à éclaircir la religion du juge. Sous ce rapport le Code l'emporte encore sur tout autre d'une manière éminente. Nulle autre législation ne renferme des mesures aussi com-

---

sans être investi de la faculté de maintenir l'engagement comme dans le cas prévu par l'art. 484, relatif aux engagemens contractés par un mineur émancipé. Dans ce dernier cas, le juge prononce seulement la réduction de l'obligation, s'il y a lieu, tandis que, lorsqu'il s'agit d'un mineur non émancipé, il est obligé de résilier le contrat même.

(1) *Exposé des motifs de la loi sur les Contrats.* « Les actes » écrits sont le premier genre de preuve et le plus certain. »

plètes pour fixer , par des preuves irrécusables, l'état civil des personnes ; dans nulle autre législation nous ne
trouvons des dispositions aussi précises sur la nécessité de
la *preuve littérale*. Il y a cependant une distinction très-
essentielle à faire entre les dispositions relatives à cet objet.
Quelquefois elles exigent l'écriture comme condition de
la validité d'un acte ; alors l'écriture est de l'essence de
l'acte même , et ne peut être suppléée par aucune autre
preuve ; quelquefois même un acte authentique est nécessaire , comme :

    Pour les donations entre-vifs (art. 731) ;

    Pour les testamens publics et les actes de suscrip-
        tions des testamens mystiques (art. 971 et 976);

    Pour les contrats de mariage (art. 1394) ;

    Pour l'hypothèque (art. 2127).

Quelquefois un acte sous seing-privé suffit, savoir :

    Pour les testamens olographes (art. 970) ;

    Pour l'antichrèse (art. 2085).

Dans d'autres cas , l'écriture n'est exigée que comme
preuve ; savoir :

    Indéfiniment, pour les contrats de bail (art. 1714 ,
        1715 , 1743).

    Conditionnellement, pour toutes les conventions ,
        lorsqu'il s'agit d'un objet au-dessus de 150 fr.
        (art. 1341 , 2074) (1).

Nous remarquerons encore, comme des résultats du

---

(1) On a voulu ranger la disposition de l'art. 2074 parmi
celles qui exigent l'écriture *solemnitatis et non probationis
causa*, et effectivement la rédaction grammaticale de l'article

principe énoncé ci-dessus, les dispositions qui ont pour objet de déterminer la forme de certains actes par écrit, particulièrement celle de l'art. 1325, qui veut que les actes sous seing-privé qui contiennent des conventions synallagmatiques, soient faits en autant d'originaux qu'il y a de parties ayant un intérêt distinct; celle de l'art. 1326, qui veut que les billets ou promesses sous seing-privé, soient écrits en entier de la main du signataire, ou que, du moins, outre la signature, il ait écrit de sa main un *bon* ou un *approuvé,* portant en toutes lettres la somme ou la quantité de choses à donner ; enfin celle de l'art. 1328, en vertu de laquelle les actes sous seing-privé, n'ont de date certaine, à l'égard des tiers, que du jour de leur enregistrement, de la mort de l'un des signataires, ou de leur relation dans un acte public.

---

semble appuyer cette opinion. Mais en approfondissant le motif de la loi, il devient évident que l'écriture n'est exigée que pour faire preuve du gage contre les créanciers, comme tiers ; c'est pour cela qu'il ne suffit pas d'un acte par écrit ; il faut qu'en outre cet acte ait été enregistré, ou ait obtenu d'une autre manière une date certaine; l'article 2074 n'énonce qu'une conséquence nécessaire de la règle générale établie par l'article 1341, combinée avec celle de l'art. 1328.

CINQUIÈME PRINCIPE.

Le Législateur a accordé une sollicitude particulière aux intérêts des personnes à qui leur faiblesse ou leur position donne un droit spécial à la protection de l'Etat (1).

Cette sollicitude a produit des innovations très-heureuses dans la législation *sur les tutelles*. Au lieu d'obliger le tuteur à fournir une caution pour garantir au mineur le recouvrement des dommages - intérêts de sa

---

(1) *Discours du tribun Leroy sur le titre de la minorité.*
« Une longue enfance nous tient sans défense devant toutes
» les difficultés de la vie ; malheureux que nous sommes ,
» nous n'avons pas même la conscience de notre insuffisance.
» Autre misère de l'espèce humaine! L'âge et l'expérience
» avaient éclairé l'esprit d'un individu : des vices d'organi-
» sation sont développés par les passions, par des peines
» profondes; je cherche en vain ce trait propre qui distingue
» l'homme dans la chaîne des êtres vivans, je cherche en
» vain sa céleste empreinte ; la raison a fui ! l'humanité ré-
» clamait dans ces deux cas, un appui spécial de la société. » —
*Exposé des motifs de la loi relative aux absens , par le
Conseiller-d'Etat Bigot-Préamenu.* « Le titre du Code qui a
» pour objet les absens , offre les exemples les plus frappans
» de cette admirable surveillance de la loi, qui semble suivre
» pas à pas chaque individu pour le protéger aussitôt qu'il se
» trouve dans l'impuissance de défendre sa personne ou d'ad-
» ministrer ses biens. Cette impuissance peut résulter de l'âge
» ou du défaut de raison , et la loi y pourvoit par la *tutelle ;*
» elle peut venir aussi de ce que l'individu *absent* n'est plus
» à portée de veiller à ses intérêts. »

mauvaise administration -, la loi nouvelle cherche à prévenir tout préjudice du mineur , en plaçant le tuteur sous la
surveillance directe de sa famille et sous, la censure per-
manente du subrogé-tuteur , et en lui traçant la marche
à suivre dans toutes les occasions importantes ; le défaut
de cette caution se trouve d'ailleurs plus que compensé
par l'hypothèque tacite et légale accordée au mineur
sur les biens de son tuteur. Différens auteurs ont cependant regardé comme une innovation très-dangereuse
pour le mineur, que le Code ait dispensé le tuteur de
l'obligation d'une *reddition annuelle de ses comptes.*
Il nous semble au contraire que ce changement est plus
onéreux pour le tuteur que préjudiciable au mineur ,
attendu que les états de situation que le tuteur est tenu
de remettre au subrogé-tuteur , qui intervient d'ailleurs
dans tous les actes d'une importance majeure , mettront
ce dernier toujours à même d'arrêter et même de prévenir les malversations du tuteur , obligé de se renfermer
dans les bornes que le conseil de famille aura assigné
à sa dépense , en vertu des articles 450 et 455 du Code.
Du moins il nous paraît incontestable qu'un règlement
de compte *provisoire* aurait causé annuellement au mineur des frais considérables et le plus souvent inutiles , et
qu'un règlement *définitif* aurait souvent compromis ses
intérêts.

Cette sollicitude se manifeste encore par les dispositions des articles 390 et 391 , par le bénéfice de renonciation accordé à la femme commune, par l'hypothèque légale qui lui est donnée pour les reprises et avantages matrimoniaux, par la disposition de l'art. 1395 qui
prohibe

prohibe tout changement dans les conventions matrimoniales après la célébration du mariage ; enfin par toute la législation sur les absens.

Mais c'est à tort qu'on a cité, comme un effet de cette sollicitude, la nécessité de l'autorisation pour que la femme mariée puisse contracter, nécessité qui n'est qu'un effet de la dépendance de la femme et de l'autorité maritale. Si le motif en était dans la faiblesse du sexe, la loi n'aurait certainement pas abandonné à leurs propres lumières, les veuves et les filles majeures.

DEUXIÈME SECTION.

De la rédaction du Code Napoléon.

La rédaction du Code Napoléon se fait remarquer d'une manière très-avantageuse par la clarté, la précision et la simplicité de ses dispositions.

Il est cependant à regretter qu'on n'ait pas profité de la nouvelle rédaction du Code, pour insérer dans le texte plusieurs décisions du Conseil d'Etat, qui ont mis fin à des controverses majeures sur l'application de quelques articles, et qu'on n'ait pas, en même temps, réparé quelques omissions faites par inadvertance, lors de la première rédaction.

Nous avons remarqué plus haut que l'on cherche en vain dans le Code le principe *locus regit actum*, formellement adopté par le Conseil d'Etat, relativement aux actes passés par des Français en pays étranger.

Il en est de même, 1°. de l'amendement à l'art. 2062, arrêté sur la proposition du Conseiller d'Etat *Jollivet*,

5

et par lequel la disposition de cet article était étendue au cas où le fermier ne laissait pas à la fin du bail les engrais qu'il avait trouvés au commencement ;

2°. De l'amendement à l'art. 68, arrêté sur la proposition du Conseiller d'État *Tronchet*, et d'après lequel on devait ajouter après le mot *main - levée*, ces mots, « *ou donnée volontairement, ou prononcée par* » *un jugement, suivi d'un acquiescement ou rendu en* » *dernier ressort;* »

3°. De l'amendement à l'art. 173, adopté sur la proposition du Consul *Lebrun*, et d'après lequel cet article devait commencer par les mots : « *le père, et à son* » *défaut, la mère; au défaut du père et de la mère,* » *les aïeuls, et au défaut d'aïeuls, les aïeules* peu- » vent, etc. ; »

4°. De l'amendement à l'art. 588, arrêté sur la proposition du Conseiller d'État *Muraire*, dans la séance du 27 vendémiaire an 12, pour faire cesser l'équivoque résultant du mot *arrérages*, qui ne s'applique dans certaines provinces qu'aux arrérages arriérés, c'est-à-dire, aux arrérages dus pour les années antérieures à l'année courante ;

5°. Enfin, de l'amendement à l'art. 2024, adopté sur la proposition du premier Consul, qui distinguait entre le cas où le créancier aurait accepté les deniers offerts par la caution, et celui où ils auraient été consignés sur son refus.

Il est également à regretter qu'on n'ait pas profité de cette occasion pour rectifier plusieurs dispositions qui manquent de précision grammaticale ou logique, et pour réparer, par rapport à quelques autres, l'oubli des premiers rédacteurs.

C'est ainsi, 1°. qu'il est plusieurs fois question dans le Code de l'*époux divorcé ou non divorcé*, sans faire mention de celui qui est *séparé de corps et de biens*, ce qui a donné lieu à la question très-importante de savoir si les dispositions des art. 299, 302 et 767, sont applicables au cas de la séparation de biens.

2°. Que l'exception faite par l'article 1966, à la règle établie par l'art. 1965, qui proscrit les actions pour dettes *contractées au jeu*, se borne aux jeux qui tiennent à l'adresse et à l'exercice du corps, tandis que d'après le rapport du tribun *Siméon*, l'intention du législateur a été d'étendre cette exception non-seulement aux jeux d'exercice, mais à tous ceux qui *ne sont pas fondés sur le pur hasard*, auxquels il se mêle des *calculs et des combinaisons*, et qui sont utiles les uns à développer les forces physiques, les autres à exercer les forces intellectuelles;

3°. Que l'art. 1582 semble présupposer que l'écriture est de l'essence du contrat de vente, tandis que le Conseiller d'Etat *Portalis* a reconnu, dans l'exposé des motifs du titre *de la vente*, qu'en renfermant une règle d'application de l'art. 1341, la disposition se borne cependant aux contrats de vente dont l'objet excède la valeur de 150 fr.;

4°. Que l'art. 2100 n'établit la division des *privilèges en généraux et particuliers*, que par rapport aux privilèges *sur les meubles*, tandis que cette division s'applique également aux privilèges *sur les immeubles ,* (art. 2102);

5°. Que dans l'art 787 le terme *degré* se trouve improprement employé, puisqu'en le prenant dans l'acception qu'y attache l'art. 735 , il en résulterait que le père d'une nombreuse famille pourrait, en renonçant, augmenter la portion héréditaire de ses enfans , au préjudice de ses autres héritiers;

6°. Que l'art. 723 porte erronément *qu'à défaut d'héritiers légitimes ,* les biens passent aux enfans naturels , parcequ'aux termes de l'art. 757 , les enfans naturels recueillent une partie de la succession , lors même qu'ils *concourent avec des héritiers légitimes;*

7°. Que la règle, d'après laquelle les enfans du renonçant sont écartés de la succession, quand il existe d'autres héritiers du même ordre qui se trouvaient appelés à la recueillir concurremment avec le père renonçant, offre de grandes difficultés dans son application , lorsqu'il s'agit du cas où les enfans d'un frère renonçant se trouvent appelés à la succession de leur propre chef, avec les ascendans du défunt; attendu que l'art. 749 ne les appelle à la portion qui aurait été dévolue au père ou à la mère prédécédée *qu'en leur qualité de représentans de leur auteur.*

Cette même règle n'est pas sans difficulté, lorsque les enfans d'un frère renonçant concourent avec les descendans d'un autre frère décédé qui les précèdent alors d'un degré en vertu du droit de représentation, ou lorsqu'ils se trouvent en concurrence avec des parens collatéraux plus éloignés qu'ils auraient exclus comme représentans de leur auteur, qualité dont ils se trouvent dépouillés par la renonciation de ce dernier. Il aurait été fort, à désirer que l'art. 744 eût statué d'une manière précise sur chacun de ces trois cas.

Les dispositions du Code, relatives *à la réserve des ascendans*, laissent également beaucoup à désirer, sous le rapport de la clarté ; d'abord il y a une certaine antinomie entre la disposition qui accorde une réserve aux ascendans éloignés, et celle qui la refuse aux frères et sœurs appelés à la succession de préférence à ces mêmes ascendans ; mais le Code ne décide pas même textuellement la question de savoir si cette réserve est due aux ascendans éloignés, lors même qu'ils se trouvent en concurrence avec les frères et sœurs ; car, si d'un côté la disposition de l'art. 915 semble n'admettre aucune exception, d'un autre côté, l'art. 750, qui appelle les frères et sœurs *à la totalité de la succession*, à l'exclusion des ascendans, paraît de même n'en souffrir aucune.

Il serait aussi à désirer, que l'on eût quelquefois plus clairement désigné les personnes auxquelles le Code accorde certaines actions, sous la dénomination générique de *personnes intéressées*. Les jurisconsultes ne seraient pas alors, par exemple, partagés d'opinion sur la question de savoir si *les héritiers du donateur sont recevables à opposer le défaut de transcription de la donation entre-vifs*.

On pourrait citer aussi plusieurs dispositions entièrement oiseuses ; par exemple, celle de l'article 687, qui concerne la division romaine des servitudes en *urbaines et rurales*, division à laquelle le Code n'attache cependant aucun effet. De même la disposition de l'art. 197

rendait parfaitement inutile celle de l'art. 319, et l'art. 296 n'est qu'une répétition tout-à-fait inutile d'une disposition déjà consacrée par l'art. 238.

Il ne serait pas difficile d'augmenter considérablement cette série d'observations ; mais nous aurions plus particulièrement désiré que l'on eût fait disparaître du Code la contradiction formelle qui se trouve entre la disposition de l'art. 2135, en vertu de laquelle l'hypothèque légale et tacite de la femme existe *à compter du jour du mariage*, et l'art. 2194, qui la fait remonter jusqu'au *jour du contrat de mariage*, contradiction d'autant plus frappante qu'elle se trouve dans le même titre et dans la même loi. Enfin, la seconde rédaction du Code eût offert une occasion favorable pour en faire disparaître quelques antinomies apparentes qui, pour n'être pas réelles, n'en ont pas moins fourni des objections assez plausibles contre la législation nouvelle ; par exemple :

Celle de l'art. 139 qui accorde à l'époux absent seul le droit d'attaquer le mariage contracté par son conjoint, pendant son absence (1), et de l'art. 184 qui impose au ministère public le devoir de faire prononcer la nul-

---

(1) N'aurait-il pas été convenable de mettre un pareil mariage au rang des causes de divorce en faveur de l'absent, lorsque celui-ci, de retour chez lui, ne juge pas convenable d'user de la faculté qui lui est accordée par cet article ? Dans l'état actuel de la législation, il n'a d'autre alternative que de reprendre une femme qui a violé ses sermens ou de rester célibataire.

lité de tout mariage contracté au mépris d'une première union légitime ;

Celle de l'art. 335 , qui défend la reconnaissance d'un enfant né d'un commerce adultérin ou incestueux, et de l'art. 762 , qui accorde des alimens à ces mêmes enfans (1).

Enfin celle de l'art. 1024 qui déclare que le légataire à titre particulier ne sera point tenu des dettes de la succession, et de l'art. 1020 d'après lequel celui qui doit acquitter le legs, n'est point tenu de dégager le fonds , à moins qu'il n'ait été chargé de le faire par une disposition expresse du testateur (2).

(1) Nous avouons cependant que nous n'avons été que faiblement touchés de la contradiction qu'on a prétendu exister entre les dispositions de ces deux articles , quoique l'un des rédacteurs du Code (M. *de Malleville*), ait regardé comme impossible de concilier ces dispositions. Il suffit qu'il y ait un cas quelconque dans lequel l'état d'enfant adultérin ou incestueux puisse devenir légalement constant pour que le législateur ait été obligé de s'occuper de son sort. Or , la preuve de cet état se trouvera légalement acquise dans le cas du désaveu d'un enfant par le mari , dans le cas de l'annullation judiciaire d'un mariage entre parens au degré prohibé , enfin dans le dernier cas prévu par l'article 325.

(2) On a aussi reproché au Code de se servir du mot *acte* , pour indiquer tantôt un fait , et tantôt un écrit , d'où l'on a fait dériver la controverse si les mots, *actes relatifs à la tutelle*, dont se sert l'article 391 , doivent s'entendre de tout acte d'administration, ou seulement d'un acte par écrit. Cette question élevée d'abord par M. *Zachariæ* de Heidelberg ,

TITRE QUATRIÈME.

*Des rapports qui existent entre le Code Napoléon
et les Institutions organiques de l'Empire, les
mœurs et les habitudes de la Nation Française.*

« Le caractère le plus essentiel d'une loi est de convenir
» au peuple pour lequel elle est faite (1). » Il nous semble

(*Handbuch des Franzœsischen civilrechts*, I, 83), ne nous
paraît pas bien difficile à résoudre : le mot acte ayant, dans
la langue française, deux acceptions très-distinctes, le législateur a été obligé de lui donner tantôt l'une, et tantôt
l'autre, mais nous ne connaissons aucun article dans lequel
le sens de ce mot soit douteux. C'est ainsi que personne en
France ne révoquera en doute, que dans le cas prévu par
l'article 391, le mot dont il s'agit ne s'applique à tout acte
d'administration quelconque, qu'il ait été passé par écrit ou
non.

On a de même reproché au Code d'avoir confondu *l'action
en nullité* et *l'action en rescision;* ce reproche nous paraît
également mal fondé. Les mêmes règles étant applicables à
ces deux actions, nous ne voyons pas la nécessité qu'il y
avait de traiter de chacune séparément, d'autant plus qu'aucun jurisconsulte français n'ignore les différences caractéristiques qui existent entre elles. Il nous paraît plus difficile de
justifier la rédaction de l'article 1156, parceque l'intention
du législateur ne peut avoir été d'autoriser le juge à s'écarter
du sens littéral d'une convention, qu'autant que l'intention
contraire des parties est bien constante.

(1) Observations de la Cour d'appel de Metz.

donc que c'est à tort que l'on a prétendu trouver un des caractères distinctifs du Code dans son indépendance absolue des lois constitutionnelles, et que l'on a soutenu qu'il se conciliait parfaitement avec toute forme de gouvernement, comme avec les habitudes de toute nation civilisée indistinctement. Nous croyons, au contraire, que si le Code avait effectivement cette qualité, il ne faudrait que regretter un avantage acheté nécessairement aux dépens de la nation pour laquelle il a été composé (1); car s'il est vrai de dire, d'un côté, que toute législation juste doit nécessairement partir des principes immuables du droit naturel, et n'en admettre d'autres modifications que celles que l'état social a rendues nécessaires ; il n'en est pas moins incontestable, d'un autre côté, que toutes les institutions positives, qui sont le résultat des rapports sociaux, portent l'empreinte des mœurs, des habitudes et du régime politique de la nation chez laquelle elles ont pris naissance. Dès lors une loi générale qui les embrasse ne saurait faire abstraction de ce régime et de ces habitudes ; elle est même d'autant plus parfaite (dans un sens relatif à la vérité) (2), qu'elle est plus intimement coordonnée à toutes

---

(1) Comment nier, par exemple, que tel système de succession ne convienne à un état républicain, et tel autre à un état monarchique.

(2) Il nous semble qu'il faudra enfin renoncer à cette idée de *perfection absolue* qui, faisant abstraction du temps et des lieux, semble plutôt convenir à des êtres idéaux qu'à des hommes, forcés de vivre quelque part et à une époque déterminée. On a vu que nous ne prétendons pas exclure

ces institutions sociales. Le grand art du législateur, sous
ce rapport, consiste à concilier avec les principes éternels
de la justice, les prétentions de la politique, de la morale
de convenance, de la civilisation, de l'individualité et de
l'esprit de la nation. Il ne sera pas bien difficile de prouver que le Code Napoléon possède cette perfection relative au plus haut degré.

---

par-là l'influence des lois éternelles, qui sont « l'expression
» immuable de ce principe de raison universelle, de ce sens
» moral du cœur, que l'auteur de la nature a imprimé dans
» les individus de l'espèce humaine, comme la mesure vivante
» de la justice qui parle à tous les hommes le même langage,
». qui est plus ancienne, comme dit Cicéron, que les villes,
» les peuples et les sénats; mais comme la diversité des ca-
» ractères et du génie des hommes, leur inconstance et l'in-
» quiétude de leur esprit se communiquent au corps social,
» comme les nations ne se ressemblent pas, et que les gou-
» vernemens n'ont pas les mêmes rapports, que les mœurs
» d'un siècle ne sont pas celles du siècle qui le précède, ni de
» celui qui le suit, les lois doivent nécessairement suivre
» cette inconstance et cette variété des corps politiques. »
C'est cette perfection absolue que l'on fait consister dans l'indépendance des lois privées de l'influence des constitutions
politiques, des mœurs et des intérêts nationaux, que nous
regardons comme une chimère; mais nous revendiquons en
faveur du Code et cette *bonté absolue*, qui consiste dans
les rapports des lois avec ces principes de la morale,
communs à tous les hommes, propres à tous les gouverne-
mens et à tous les climats, et cette *bonté relative*, qui consiste
dans les rapports des lois avec l'état de la nation qui les
reçoit.

PREMIÈRE SECTION.

Des rapports qui existent entre le Code Napoléon et le Droit public français.

Nous partagerons cette section en deux divisions :

La première traitera des rapports qui existent entre le Code Napoléon et les lois constitutionnelles proprement dites.

La deuxième traitera des rapports qui existent entre le Code Napoléon, et les lois de droit public qui déterminent l'organisation judiciaire de l'empire.

PREMIÈRE DIVISION.

Des Rapports qui existent entre le Code Napoléon et les Lois constitutionnelles de l'Empire proprement dites.

Quoique l'exercice des droits civils soit indépendant de la qualité de *citoyen français ,* laquelle ne s'acquiert et ne se conserve que conformément à la loi constitutionnelle , l'influence de cette dernière sur les principes de la législation civile consacrés par le Code Napoléon, ne peut pas être méconnue ; quelquefois elle a été reconnue formellement (1) ; dans d'autres occasions pour ne

---

(1) *Exposé des motifs de la loi sur la minorité.* « La cons-
» titution donne à vingt-un ans l'exercice des droits politi-
» ques ; la loi ne peut pas refuser au même âge l'exercice
» des droits civils. »

pas être expresse, elle n'en est pas moins directe. C'est ainsi :

Que la *sécularisation du mariage et des actes de l'état civil* n'est qu'une conséquence directe du principe de droit public *que les cultes sont libres ;*

Qu'on a rendu hommage au même principe, en ne regardant pas le mariage comme *absolument indissoluble devant la loi civile ;*

Que l'*uniformité de législation* consacrée par le Code, et l'*égalité de tous les citoyens devant la loi*, ne sont que le résultat des lois politiques ;

Que par suite de ces mêmes lois le Code a aboli tous les *privilèges* (1) ;

Que pour garantir la *liberté individuelle* des citoyens, il a renfermé, dans des bornes très-étroites, la faculté de stipuler la contrainte par corps (art. 2163 — 2068) ; proscrit le louage des services à vie (art. 1780), et tous les services dus par la personne à la personne (art. 686) ; déclaré résolubles, moyennant une indemnité, toutes les obligations qui consistent à faire quelque chose (art. 1142); et qu'enfin, dans la disposition de l'article 638, le législateur a manifesté l'intention bien prononcée d'élever une barrière insurmontable contre le retour de la féodalité ;

Qu'à côté de l'*ordre des successions*, arrêté du temps du Gouvernement républicain, et dont les effets tendent au morcellement des propriétés et à leur distribution entre

_____

(1) Sauf la dispense de la tutelle accordée à raison de certaines *dignités.*

un grand nombre de propriétaires dans l'intérêt de l'agriculture, s'élève la législation *sur les majorats*, dont les
effets tendent au contraire à réunir de grandes possessions
territoriales dans la même main. Par la combinaison de
ces deux législations, dès à présent inséparables, la culture
des terres se trouve favorisée dans les campagnes, tandis
que les titulaires de majorats, réunis autour du trône,
en augmentent l'éclat et la force; et comme nul majorat
ne peut être constitué sans l'autorisation du prince, il reste
toujours maître d'arrêter ces exceptions à l'ordre ordinaire des successions, si la masse des propriétés qu'elle
retire de la circulation devenait un jour trop considérable.

Enfin, il existe des rapports intimes entre le *système
des impositions de l'empire* et la législation civile. Ces
rapports se trouvent expressément énoncés relativement
au système des impositions indirectes, surtout relativement
aux droits d'enregistrement et d'hypothèque ; et si les
bornes de ce traité le permettaient, nous ne serions pas
embarrassés à prouver que l'abolition des droits de dîmes
et de cens, et la mobilisation des rentes foncières se trouvent dans une relation non moins intime avec le système
des contributions directes.

Remarquons cependant, que pour prévenir toute confusion, on a eu la sage précaution de réunir dans des
Codes particuliers les lois privées et les lois politiques.
Les deux législations sont distinctes et parallèles; on ne
voit pas le lien qui les unit; mais créées par le même
génie, elles ne sauraient désavouer leur origine commune.
L'harmonie qui existe entre elles ne se fait jamais plus vi-
vement sentir, que lorsqu'il est question de transporter

l'une ou l'autre isolément sur une terre étrangère. Aussi l'expérience nous prouve-t-elle que partout où la législation du Code Napoléon a été adoptée, l'époque de son introduction a été celle d'une nouvelle organisation sociale ; que partout on s'est rapproché des institutions organiques de la France ; que cette législation bienfaisante assure la constitution des familles, la sûreté des propriétés et la stabilité des conventions ; qu'enfin, l'abolition du servage, l'affranchissement des terres, l'extinction des privilèges et la liberté des consciences, en l'accompagnant, ont annoncé partout aux peuples alliés « que le » règne de Napoléon est celui des idées libérales. »

DEUXIÈME DIVISION.

Des Rapports qui existent entre le Code Napoléon et l'Organisation judiciaire française (1).

En examinant les rapports qui existent entre le Code Napoléon et les institutions organiques de l'ordre judi-

---

(1) C'est une des controverses les plus violemment débattues entre les jurisconsultes allemands, que celle de savoir si la réception du Code Napoléon entraîne nécessairement l'adoption de la procédure française, ou si la législation du Code peut s'allier avec la procédure suivie en Allemagne jusqu'à ce jour. On a lieu de s'étonner que la procédure publique soit proscrite dans le pays même où elle a pris naissance, et d'où elle a été transportée en France, à l'époque de l'émigration des peuples germaniques dans les provinces romaines. Quoi qu'il en soit, la procédure actuelle y a

ciaire, la *Cour de cassation*, comme la plus éminente
de ces institutions, est la première qui se présente à notre
esprit, quoique dans le texte même du Code il n'en soit
fait mention qu'une seule fois à l'occasion du divorce (1).
Nous avons remarqué plus haut que le Code Napoléon ne
présente presqu'aucun exemple d'application. On peut
ajouter que comparativement à d'autres législations, il ne
contient même qu'un petit nombre de préceptes législatifs.
Si ce nombre a paru suffisant, c'est parceque le législateur a dû supposer que ces préceptes seraient complétés
et les exemples suppléés par la jurisprudence des Cours
souveraines, dont les décisions sont portées rapidement à

---

des partisans fort nombreux, à la tête desquels se distingue
par son ancienne réputation M. le conseiller Gœnner de
Landshut, tandis que l'opinion contraire est soutenue avec
parfaite connaissance de cause par M. d'Almendingen, conseiller à la Cour d'appel de Son A. S. le duc de Nassau. Les
pièces de ce procès important se trouvent en partie dans le
Journal intitulé, *Archiv fur die reform der Gesetzgebung*,
und des juristischen studiums, publié par M. Gœnner, et en
partie dans le journal publié par M. le conseiller Winkopp,
sous le titre de *Rheinischer Bund*. M. d'Almendingen ayant
eu assez de confiance dans les lumières de mon collègue
Arnold, professeur en Droit de l'Académie de Strasbourg, et
en moi, pour en appeler à notre jugement, nous nous sommes
cru obligés, tout en reconnaissant notre incompétence,
de donner notre avis motivé sur la question dans un article
inséré dans le seizième volume du même Journal (*Rheinischer Bund*), dont la présente division contient un extrait.

(1) Dans l'article 263.

la connaissance du public par les nombreuses collections publiées à cette fin. Il n'y a que la conscience d'un pareil guide dont la marche non interrompue et indépendante du concours du pouvoir législatif, assure d'une manière péremptoire la stricte exécution de toutes les dispositions légales, qui ait pu autoriser le législateur à se borner à l'étendue et à la forme qu'il a données au Code Napoléon. Assuré d'une interprétation doctrinale, sans cesse renaissante, il a pu respecter, mieux que tout autre, la dignité de son office, et se dispenser de tous développemens minutieux. Il serait donc difficile de séparer du Code Napoléon l'idée d'une Cour suprême, dont les arrêts, connus d'un bout de l'Empire à l'autre, sans avoir l'autorité de la loi, en contiennent cependant l'application et l'interprétation et servent de régulateurs aux tribunaux. L'influence salutaire de cette doctrine authentique est d'ailleurs consacrée par l'expérience. Lorsqu'une fois la Cour de cassation a adopté une jurisprudence constante sur un point de droit, toute divergence d'opinion cesse le plus souvent entre les Cours d'appel; celles qui tenaient pour le système de la Cour suprême, fortes de son appui, maintiennent leur opinion; celles au contraire qui, d'abord, ne l'avaient point partagée, cèdent peu à peu à une autorité aussi respectable; et les parties, dans la prévoyance du résultat définitif de leur contestation, s'abstiennent de porter devant les tribunaux des prétentions qu'elles seraient certaines d'avance de voir proscrire. Pour prouver à l'évidence notre proposition, il suffira de rappeler à la mémoire le grand nombre de controverses qui s'étaient élevées d'abord sur l'application de certaines dispositions du Code, et au sujet

desquell
es

desquelles la jurisprudence de la Cour de cassation a fixé l'opinion des jurisconsultes (1).

Il existe des rapports non moins intimes entre le Code Napoléon, et la *juridiction volontaire des notaires* (2), institution parallèle à la *juridiction contentieuse* exercée par les tribunaux institués par le prince. La défaveur avec laquelle la preuve testimoniale est traitée par le Code, né-

---

(1) Nous citerons dans la foule de ces controverses celles qui ont eu lieu sur l'adoption des enfans naturels, sur les formalités des testamens, sur les droits successifs des frères utérins ou consanguins. Il est incontestable que si le Code était promulgué dans un état, il s'y formerait bientôt autant de jurisprudences qu'il y aurait de Cours d'appel, à moins de revenir à la dangereuse jurisprudence des *Arrêts du Conseil*, ou au mode plus dangereux encore des *rescrits du Prince*.

(2) De toutes les institutions françaises, il n'y en a point contre lesquelles l'opinion publique en Allemagne ait montré une plus grande répugnance, que contre le *notariat* et les *huissiers*. Il ne pouvait guères en être autrement dans un pays où la plupart des notaires sont de pauvres scribes, et les huissiers les valets du baillif. Aussi toutes les réclamations ne portent-elles que sur la difficulté de trouver des personnes instruites et intègres qui veuillent remplir ces fonctions, ainsi que sur les abus que l'on craint de la part de celles auxquelles on serait obligé de confier le pouvoir dont les notaires et les huissiers sont investis en France. Ces difficultés ne paraissent cependant pas insurmontables ; elles viennent du mépris dans lequel ces fonctions sont tombées : il faut donc commencer par les relever dans l'opinion publique ; on trouvera après des sujets propres à les remplir.

6

cessite une institution qui procure aux parties illettrées, le moyen de faire rédiger leurs conventions par des fonctionnaires capables d'inspirer de la confiance au public ; et la préférence accordée aux actes notariés sur les actes sous seing-privé, doit nécessairement engager les parties même qui savent lire et écrire à se ménager, par un acte authentique, une preuve irrécusable de leurs transactions. Enfin, la force exécutoire de ces actes prévient les procès sans nombre par lesquels la chicane cherche à retarder ou à entraver l'exécution des actes privés.

La législation du Code Napoléon se trouve dans une harmonie non moins parfaite avec les principes de la *procédure civile suivie en France*, dont les caractères distinctifs nous paraissent consister :

1°. Dans la *limitation du nombre des instances* à deux au plus.

2°. Dans la *publicité des débats* et dans les *plaidoieries*.

3°. Dans la *séparation de la juridiction volontaire et de la juridiction contentieuse*.

4°. Dans le contrôle du *ministère public*, qui n'agit, en règle générale, que par *voie de réquisition*, et qui n'agit que dans quelques cas seulement, par *voie d'action*.

5°. Dans l'instruction extrajudiciaire des causes par des *officiers ministériels*.

6°. Dans l'institution d'huissiers pour l'*exécution des jugemens*, qui se fait ailleurs par l'autorité du magistrat.

Or, il nous semble qu'on ne saurait changer aucun de

ces caractères de la procédure , sans porter une atteinte
plus ou moins directe à la législation du Code Napoléon.
Supprimer le ministère public , ce serait anéantir la garantie des actes de l'état civil, qui résulte de la surveillance
exercée par les procureurs impériaux sur les officiers de
l'état civil ; ôter aux mineurs , aux interdits , aux absens et aux femmes mariées leurs défenseurs nés ; faciliter
les divorces concertés entre les parties , et les mariages
contraires aux prohibitions de la loi ; débarrasser les notaires et les conservateurs des hypothèques d'une surveillance si salutaire aux parties intéressées ; compromettre
enfin dans des occasions innombrables l'ordre public et les
bonnes mœurs (1). La publicité des débats empêche
bien des femmes timides de recourir , dans un premier

----

(1) Dans quelques états d'Allemagne on a voulu suppléer
au ministère public, en déléguant ses fonctions, soit au président, soit au plus jeune des membres des Cours de justice,
soit aux Cours de justice en corps. C'est méconnaître étran-
gement l'esprit de cette institution, et détruire la chose pour
n'en conserver que le nom. Comment un tribunal peut-il se
contrôler lui-même ? Comment le président le pourrait-il,
lui qui en est l'organe ? Comment le plus jeune des membres
d'une Cour de justice conserverait-il son indépendance contre
l'influence de son président et de ses collègues plus anciens ?
On n'a donc pas senti tous les avantages qui résultent de la
position particulière des officiers du ministère public, fonctionnaires temporaires, agens du Gouvernement chargés de
veiller sans cesse à l'exécution des lois, de dénoncer les con-
traventions, et de défendre les intérêts des personnes qui ont
un droit spécial à la protection de l'Etat.

mouvement de mécontentement, au remède extrême du
divorce, et élève une barrière insurmontable contre des
interdictions injustes que l'intrigue ou l'avidité des collatéraux pourrait tenter de surprendre. La limitation du
nombre des instances à deux au plus, dont le motif se
trouve si énergiquement développé dans l'avis du Conseil d'Etat, du 31 janvier 1806, ne pourrait être abolie,
sans augmenter considérablement les frais des contestations sur l'homologation des délibérations de famille et
de celles qui peuvent s'élever dans le cours d'un partage judiciaire. L'exécution confiée aux huissiers, plus
rapide et moins dispendieuse que celle qui est faite par
le juge dont les fonctions expirent par le jugement
qui termine la contestation, inspire aux parties plus de
respect pour leurs engagemens, en leur ôtant tous les
moyens d'en retarder l'accomplissement. Enfin, de même
que dans le Code Napoléon on trouve plusieurs règles
de procédure, on trouve dans le Code de Procédure
plusieurs dispositions de législation civile, parmi lesquelles
nous ferons remarquer celle de l'article 126, qui autorise
dans certains cas non prévus par le Code Napoléon, la
prononciation de la contrainte par corps ; celle de l'article 834, qui autorise les créanciers hypothécaires à
faire inscrire leurs titres postérieurement à l'aliénation des
immeubles hypothéqués ; celle de l'article 883, qui veut
que toutes les fois que les délibérations d'un conseil de
famille ne sont pas unanimes, l'avis de chacun des membres
soit mentionné dans le procès-verbal, et qui détermine en
même-temps les personnes recevables à se pourvoir contre
une pareille délibération; enfin, celle de l'article 905,

qui désigne les personnes qui ne peuvent être admises au bénéfice de la cession de biens, en ajoutant, à cet égard, aux exceptions déjà consacrées par le Code Napoléon.

DEUXIÈME SECTION.

De l'influence de différentes considérations d'ordre public sur la rédaction du Code.

Parmi les dispositions du Code Napoléon, il en est un grand nombre qui ont été dictées par des considérations d'ordre public que nous réduirons à trois principales.

PREMIÈRE CONSIDÉRATION.

Il est de l'intérêt de l'État de favoriser la circulation des propriétés.

C'est en conséquence de ce principe, que le Code traite avec une défaveur marquée toutes les conventions qui mettent des entraves à cette circulation, soit en atteignant les biens futurs, soit en limitant le droit de disposition, soit en rendant la propriété flottante entre plusieurs personnes.

C'est ainsi qu'on ne peut, même par contrat de mariage, renoncer à la succession d'un homme vivant, ni aliéner les droits éventuels que l'on peut avoir à une succession (art. 791 et 1130);
Que nul ne peut être contraint de rester dans l'in-

division, et que les conventions suspensives du partage d'une propriété commune ne peuvent être obligatoires au-delà de cinq ans (art. 815) ;

Que plusieurs modes de disposition à titre gra-, tuit admis par le droit romain (par exemple la donation à cause de mort), ont été abolis par l'art. 893 ;

Que les substitutions fidéi-commissaires, pupillaires et exemplaires ont été abolies par l'art. 890 ;

Que la donation entre-vifs ne peut comprendre que les biens présens du donateur (art. 943);

Que les époux ne peuvent faire aucune convention dont l'objet soit de changer l'ordre légal des successions , soit par rapport à eux - mêmes dans la succession de leurs enfans ou descen- dans, soit par rapport à leurs enfans entre eux (art. 1389);

Que la constitution de dot de tous les biens de la femme , en termes généraux, ne comprend pas les biens à venir (art. 1542);

Que la faculté de rachat ne peut être stipulée pour un terme excédant cinq années , et que ce terme ne peut être prolongé par le juge (art. 1660 et 1661) ;

Que toute stipulation tendant à comprendre dans une société de tous biens présens la propriété des biens qui pourraient avenir aux associés par succession, donation ou legs , est prohibée (art. 1837);

Que les biens à venir ne peuvent pas être hypothéqués (art. 2119), sauf les exceptions admises par les art. 2130 et 2131;

Qu'enfin, en règle générale, la revendication des choses mobilières n'a pas lieu contre le possesseur de bonne foi (art. 2279).

DEUXIÈME CONSIDÉRATION.

On a cherché à concilier le crédit le plus étendu avec la plus grande sûreté des créanciers (1).

C'est à cette considération d'ordre public qu'ont dû céder toutes les objections faites contre le système de la *publicité et de la spécialité des hypothèques.*

On en reconnaît encore les effets dans la disposition de l'art. 618, qui autorise les créanciers de l'usufruitier poursuivi pour cause d'abus dans sa jouissance, à intervenir dans la contestation, et à offrir la réparation des dégradations commises, et des garanties pour l'avenir;

Dans celle de l'art. 622, en vertu de laquelle ces mêmes créanciers peuvent faire annuler la renonciation que l'usufruitier aurait faite à leur préjudice;

Dans celle de l'art. 1166, qui autorise le créancier à exercer tous les droits et actions de son débiteur, à l'exception de ceux qui sont exclusivement attachés à la personne;

_____

(1) *Exposé des motifs de la loi sur les Priviléges et Hypothèques.*

Dans celle de l'art. 1167, qui l'autorise à attaquer en son nom personnel, les actes faits par son débiteur en fraude de ses droits ;

Dans celle de l'art. 788, qui autorise les créanciers à faire annuler la renonciation faite par leur débiteur à une succession ouverte à son profit ;

Dans celle de l'art. 1464, qui les autorise à accepter de leur chef une communauté répudiée par la femme débitrice, en fraude de leurs droits ;

Et enfin dans les mesures de précaution prises par le législateur dans l'intérêt des tiers pour assurer la publicité des jugemens d'interdiction ou de séparation de biens.

TROISIÈME CONSIDÉRATION.

Le législateur a cherché à abréger et même à prévenir les procès.

La défaveur de la preuve testimoniale, et la nécessité d'une date certaine dans les actes sous seing-privé, contribuent indirectement, mais d'une manière très-efficace à ce but, lequel s'annonce cependant bien plus directement :

1°. Dans les dispositions qui restreignent à de brefs délais l'exercice de certaines actions.

C'est ainsi que l'action récursoire des créanciers d'une succession bénéficiaire, qui ne se sont présentés qu'après le payement du reliquat de

compte, se prescrit par le laps de trois ans
(art. 809);

Que le droit des créanciers d'une succession, de
demander que le patrimoine du défunt soit séparé du patrimoine de l'héritier, se prescrit
également, à l'égard des meubles, par le laps de
trois ans (art. 880);

Que l'action du mineur contre son tuteur relativement aux faits de la tutelle, est restreinte à
dix ans, à compter de la minorité (art. 475);

Qu'on a restreint à ce même délai, en règle
générale, l'exercice de l'action en nullité ou en
rescision d'une convention (art. 1304); tandis que la demande en rescision d'une vente,
pour cause de lésion, n'est recevable que pendant deux ans, à compter du jour de la vente
(art. 1676);

Que nulle réclamation contre un réglement de
part entre associés n'est admissible, s'il ne s'est
écoulé plus de trois mois depuis que la partie
qui se prétend lésée a eu connaissance du réglement (art. 1854);

Enfin c'est dans ces mêmes vues qu'ont été établies les nombreuses prescriptions de six mois,
d'un an, de deux ans et de cinq ans, dont
l'énumération se trouve dans la section IV.,
chap. V du titre de la *Prescription*.

2°. Dans la règle qu'en fait de meubles possession
vaut titre (art. 2279), et dans l'application qui en
est faite par les articles 1926 et 2076;

3º. Dans les dispositions qui n'admettent la prescription qu'à l'égard des servitudes continues et apparentes à la fois ; dans celles qui règlent d'une manière précise les rapports dérivant du voisinage, et enfin dans celles qui suppriment plusieurs institutions, lesquelles, de leur nature, devaient occasionner de nombreuses contestations, comme le retrait lignager, l'action en recours contre les membres du conseil de famille, à raison de l'insolvabilité du tuteur, et un grand nombre d'autres institutions, consacrées par le droit romain, dont on trouvera le détail dans le titre suivant.

TROISIÈME SECTION.

Des rapports qui existent entre le Code Napoléon, et les mœurs et les habitudes particulières de la Nation Française.

Non-seulement il est de toute évidence que si les rédacteurs du Code Napoléon, choisis dans toute autre nation, avaient vécu au milieu d'autres institutions organiques, et avaient été dirigés par d'autres principes d'économie politique, le résultat de leurs travaux n'aurait point été le même ; mais il nous paraît également incontestable que plusieurs règles du Code se ressentent de l'influence des mœurs et des habitudes particulières de la nation française. Cette observation s'applique tout aussi bien à des matières entières qu'à des dispositions particulières. C'est ainsi qu'il nous semble que la force de l'habitude peut seule justifier le législateur, 1º. d'avoir fait de la *com-*

munauté légale. le droit commun de la France , au lieu
de soumettre les droits des époux mariés sans contrat,
aux règles infiniment plus simples du régime dotal ; 2°.
d'avoir appelé aux successions les parens collatéraux , même
du douzième degré , concurremment avec les ascendans de
l'autre ligne. Une grande partie des formalités dont on a
entouré les actes , n'ont d'ailleurs pour but que de prévenir des genres de fraude qui sont presque particuliers
à notre siècle , particulièrement le *faux* , fléau presqu'in-
connu jusqu'à ce jour à nos voisins les Allemands (1).

---

(1) C'est une observation très-judicieuse de M. de Malleville , que le spectacle des désordres de la capitale nuit à la
bonté des lois pour les provinces. « On est sans cesse occupé
» ici à prévenir des fraudes dont on n'a pas même l'idée ail-
» leurs. » C'est ainsi que la *prohibition absolue des mariages
entre belle-sœur et beau-frère* est motivée sur la crainte de
provoquer des divorces. Il serait cependant facile de prouver
que , dans les provinces , sur cent mariages contractés entre
alliés , il n'y en a pas un seul qui soit la suite d'un divorce.
Cette prohibition absolue est contraire aux habitudes des
trois quarts de l'Empire; on a été obligé de l'abolir dans la
Westphalie et dans presque tous les Etats de la Confédéra-
tion du Rhin , qui ont adopté le Code. En France , où elle
existe , l'expérience prouve tous les jours que , loin de dimi-
nuer la corruption des mœurs , effet inévitable des fréquenta-
tions trop faciles , elle ne fait que substituer le concubinage au
mariage , et prive par-là les enfans de tous les avantages qu'ils
auraient pu retirer de l'affection d'une seconde mère , sans
leur épargner aucun des malheurs dont ils ont quelquefois à
gémir sous le gouvernement d'une marâtre. Au contraire ,

Parmi les dispositions particulières, dans lesquelles on doit reconnaître l'influence des mœurs, nous citerons celle de l'art. 162, qui défend d'une manière absolue le mariage entre le beau-frère et la belle-sœur ;

Celle de l'art. 250, qui n'admet l'adultère du mari comme cause de divorce, qu'autant qu'il a tenu sa concubine dans la maison commune ;

La défense de la recherche de la paternité, consacrée par l'art. 340 ;

Enfin la disposition de l'art. 374, qui permet à l'enfant de quitter la maison paternelle sans la permission de son père, après l'âge de dix-huit ans révolus, pour cause d'enrôlement volontaire.

---

l'avidité de la concubine, qui n'a aucun refuge à espérer après la mort de son amant, et qui doit craindre sans cesse que l'amour paternel ne l'emporte tôt ou tard en lui sur le charme qui l'attache à elle, n'en est que plus insatiable. Tous ces inconvéniens disparaîtraient si l'on permettait le mariage entre le beau-frère et la belle-sœur, *pour m*⬛*fs graves et moyennant dispenses,* excepté dans le cas où le premier mariage aurait été dissous par le divorce ; cas où la prohibition resterait absolue.

TITRE V.

Des institutions du Droit Romain abolies par le Code, et des principes nouveaux qu'il a consacrés.

PREMIÈRE SECTION

Des institutions du Droit Romain abolies par le Code.

Pour faire ressortir tous les avantages de la simplicité de la législation nouvelle, et pour faire apprécier en même temps la différence qui existe entre les législations romaine et française, nous commencerons par donner la nomenclature des nombreuses institutions que le Code a élaguées du système du droit civil, « soit parcequ'elles » étaient inutiles ou contraires à l'esprit du siècle, soit par- » cequ'elles étaient des sources de procès par la com- » plication de leur forme, soit enfin parcequ'elles ont » paru contraires à la pudeur publique et à la dignité du » nom français » (1).

---

(1) *Discours du tribun Jaubert sur la loi du* 30 *ventose* » *an* 12. « *L'action ab. irato* mettait la mémoire du père » en jugement ; *l'exhérédation* établissait une lutte entre » l'intérêt pécuniaire du fils et l'honneur paternel ; la *néces-* » *sité d'institution d'héritier* n'était fondée que sur des subti- » lités ; les règles sur la *fiducie* ne reposaient que sur des » conjectures ; le *droit d'élire* ne conduisait que trop souvent » à des traités immoraux ; les *substitutions fidéicommissaires,* » exemplaires, pupillaires, compendieuses, engendraient

Nous terminerons cet essai dans la deuxième section de ce titre, par une exposition succincte des nouveaux principes établis par le Code.

Les institutions suivantes de l'ancien droit ont été en-

» tant de contestations! elles n'étaient qu'une extension dé-
» sordonnée du droit de propriété, un aliment de l'orgueil,
» et un obstacle à la liberté des transactions et aux progrès de
» l'agriculture. Les *droits d'aînesse et de masculinité* ou-
» trageaient la nature; la *légitimation par lettres* nuisait aux
» unions légitimes; l'*interdiction pour prodigalité* attaquait
» le droit de propriété et compromettait l'honneur du ci-
» toyen en allumant les passions des collatéraux; les *droits*
» *nobiliaires* de certains héritages leur imprimaient une es-
» pèce de servitude; les *droits féodaux* étaient incompatibles
» avec les principes de la liberté publique; le *retrait lignager*
» paralysait le droit de propriété; les *rentes foncières* non
» rachetables attribuaient une espèce de domination au créan-
» cier, et imposaient une gêne trop onéreuse au propriétaire
» du sol; l'*imprescriptibilité du domaine public* laissait les
» citoyens dans la crainte perpétuelle d'être poursuivis par le
» fisc; la *distinction des biens en libres et propres* répugnait
» à la nature des choses, elle créait un procès dans chaque
» succession; le *don mutuel* proprement dit, n'était qu'une
» occasion de captation; le *douaire coutumier* assurait aux
» épouses des avantages qu'elles ne doivent tenir que de la
» volonté libre, réfléchie et reconnaissante; le *privilége du*
» *propriétaire* de la maison, qui pouvait interrompre le bail,
» était souvent une occasion de fraude, et toujours une
» source d'embarras pour le père de famille, qui avait dû se
» reposer sur son contrat; la *vente* rompait les baux au grand
» détriment de l'agriculture. »

tièrement abolies par le Code ; savoir :

Dans les matières du livre Iᵉʳ.,

Les *fiançailles ,* qui ne produisent plus aucun effet dans le for extérieur ;

La *dot forcée ;* le principe du droit coutumier, *ne dote qui ne veut ,* ayant prévalu ;

La *légitimation par rescrit du Prince ,* PER OBLATIO-NEM CURIÆ, *et par testament ;*

La *caution et le serment du tuteur ,* et la nécessité de la confirmation par le magistrat, ainsi que l'action récur-soire contre ce dernier en cas d'insolvabilité du tuteur (*actio tutelæ subsidiaria contra magistratum*).

Dans les matières du deuxième et du troisième livres :

Les *fidéicommis* , la *fiducie* et les *pactes de succession ;*
Les *substitutions pupillaires et exemplaires ;*

La *nécessité d'une institution d'héritier* dans les testa-mens et la *querela inofficiosi* qui en était la suite , de même que *l'incompatibilité des successions légitime et testamentaire ,* dont l'abolition donne aux testamens fran-çais le caractère *codicillorum ab intestato factorum ;*

Les *testamens noncupatifs ;*

Les *testamenta principi aut judici oblata ;*

Les *testamens réciproques ;*

Plusieurs *testamens privilégiés ;* par exemple , le *tes-tamentum ad pias causas ,* et le *testamentum posteriùs imperfectum ;*

La différence entre *l'institution d'héritier et le legs ;*

La *donation à cause de mort ;*

La *suite* et la nécessité d'instituer ou de déshériter certains héritiers, et le *beneficium abstinendi* qui en était la suite ;

La *clausula codicillaris*, la *quarta trebellianica*, la faculté de l'*exhérédation* ;

La *quarte falcidie* ;

La règle *catonienne* ;

La distinction des conventions en *pactes* et *contrats*, les *pollicitations* et *votes* ;

La nécessité d'une *reconnaissance expresse des obligations naturelles*, comme condition de leur force exécutoire dans le for extérieur ;

Le sénatus-consulte Velléïen, et l'authentique *si qua mulier* ;

Le sénatus-consulte *macédonien* ;

La défense de l'anatocisme (1) ;

La *datio in solutum* ;

Le *bénéfice de compétence* ;

Enfin plusieurs espèces de *serment* (2), par exemple,

---

(1) La prescription quinquennale des intérêts des capitaux exigibles a rendu inutile la défense d'adjuger des intérêts plus forts que le capital même. Si l'art. 1154 permet de prendre l'intérêt de l'intérêt, ce n'est que lorsque le débiteur a été constitué en demeure par une demande judiciaire, ou lorsqu'il s'y est volontairement engagé, et pourvu que, dans l'un et dans l'autre cas, il s'agisse d'intérêts dus au moins pour une année entière.

(2) Sauf le *serment d'ignorance*, expressément autorisé par l'art. 2275, n°. 2, dont la disposition peut même être considérée comme une conséquence de l'art. 1359, en ce que

le

le *juramentum calumniæ*, *credulitatis*, *diffessionis*, et le *juramentum in litem singularis interesse*.

DEUXIÈME SECTION.

Des principes caractéristiques consacrés par le Code Napoléon.

Nous touchons à la fin de notre tâche, qui consiste à rechercher et à faire ressortir les *caractères distinctifs* du Code Napoléon.

A cet effet, nous avons commencé par établir le *système de cette législation*.

Nous avons remonté *à ses sources*, et nous avons examiné *par quels principes on s'est dirigé dans sa rédaction*.

Les caractères distinctifs du Code s'annoncent alors comme le résultat nécessaire :

> Des *changemens faits à la législation ancienne* dans les matières empruntées d'elle ;

> De *la suppression absolue de certaines institutions* ;

> De *la création d'institutions nouvelles*.

Nous connaissons ces dernières :

> C'est la législation sur *les absens ;*

> Celle sur *l'adoption* et *la tutelle officieuse ;*

> Celle sur *la portion indisponible.*

---

l'ignorance est toujours un fait personnel à celui auquel le serment est déféré.

Nous avons également fait remarquer comme organisés sur des bases nouvelles;

> Le *système du mariage civil et la sécularisation des actes de l'état civil;*
>
> Le *divorce;*
>
> Le *conseil judiciaire du prodigue* (1) , et celui qui est nommé au défendeur en interdiction dans le cas prévu par l'article 499;
>
> L'institution du *conseil de famille* et du *subrogé-tuteur;*
>
> La législation sur les *droits des enfans naturels;*
>
> Le *régime hypothécaire.*

Nous connaissons également les institutions du droit romain rejetées par le Code.

Il ne nous reste donc qu'à établir les principes nouveaux qu'il a consacrés , et par lesquels les autres institutions du droit civil ont été modifiées d'une manière caractéristique.

Et d'abord pour completter la conférence succincte avec le droit romain, rappelons les principes les plus importans empruntés de *l'ancien droit national,* soit général, soit particulier, et par lesquels ce droit avait déjà essentiellement modifié la législation romaine sur certaines institutions; ces principes sont :

1°. La *proscription de la preuve testimoniale* dans

---

(1) Les bornes de ce traité ne nous permettent pas d'entrer dans le développement des principes qui prédominent dans la législation de chacune de ces matières ; ces principes sont d'ailleurs exposés dans tous les ouvrages sur le droit nouveau.

toutes choses excédant cent cinquante francs (art. 1341),
principe qui entraîne l'inadmissibilité de la preuve d'un
aveu extrajudiciaire (art. 1355), et de la preuve par simples présomptions de fait (art. 1353), mais qui n'exclut
pas le serment décisoire (art. 1358). Les articles 1342 et
suivans déterminent l'étendue de cette règle , à laquelle les
articles 1347 et suivans apportent quelques exceptions ;

2º. Le principe *qu'en fait de meubles possession
vaut titre* ; il est établi par l'art. 2279 autant dans l'intérêt
du commerce, que parceque souvent il est impossible de
constater l'identité des choses mobilières. Les art. 1141 ,
2102, 2119, 2166, 950, 1926, renferment des règles
d'application de ce principe, auquel l'art. 2280 déroge
dans quelques cas particuliers ;

3º. Le principe que le *mort saisit le vif*, consacré par
l'art. 724 ;

4º. Le principe de la *nécessité d'une date certaine
dans les actes sous seing-privé*, établi d'abord par la loi
des 8 et 15 mai 1791 , et consacré depuis par la loi du 22
frimaire an 7, et par l'art. 1328 du Code Napoléon (1).

_____

(1) Il résulte de la combinaison des articles 1322 et 1328,
qu'il faut nécessairement admettre , dans chaque acte sous
seing privé, *une double date*, parceque à l'égard de ceux qui
ont souscrit un pareil acte, et à l'égard de leurs héritiers et
ayant-cause, il fait foi de la date qu'il porte ; tandis qu'à
l'égard des tiers, il est réputé avoir été passé le jour même de
son enregistrement, du décès de l'un des signataires, ou de
sa relation dans un acte authentique. Les dispositions des
art. 1743, 1750, 1409, 1410, 2102, 1558, ne sont que des
conséquences de cette règle.

Il nous fournit une transition naturelle aux principes nouveaux établis par le Code, et qui ont apporté des changemens plus ou moins essentiels aux matières suivantes.

Tutelle.

Le système de la législation romaine sur les tutelles a été modifié dans son principe fondamental par l'art. 450 du Code, d'après lequel *le tuteur représente le mineur dans tous les actes civils*, tandis que dans le droit romain l'interposition d'autorité de la part du tuteur, formait le caractère distinctif de la tutelle. En conséquence, le législateur romain avait moins cherché à garantir le mineur des pertes qu'il pouvait éprouver par la mauvaise administration du tuteur, qu'à lui assurer les moyens de recouvrer les dommages-intérêts encourus par sa négligence; delà la nécessité de la caution du tuteur, le bénéfice de la restitution en entier et l'action subsidiaire de tutelle.

Le législateur français, au contraire, prend toutes les mesures de précaution nécessaires pour prévenir les dommages du pupille.

En conséquence, il le dépouille de toute administration, pour en remettre exclusivement le soin au tuteur.

Il fait surveiller ce dernier par le conseil de famille; il le fait contrôler par le subrogé-tuteur; il lui refuse le droit de faire seul aucun acte, autre que de simple administration; il détermine avec précision la marche à suivre dans toutes les occasions où il s'agit de mesures dont les effets pourraient porter atteinte aux capitaux du mineur; il y fait intervenir le conseil de famille , obligé d'entendre préalablement le contradicteur légal établi dans la personne du subrogé-tuteur , et exige , en outre , dans les occasions majeures , l'homologation des tribunaux ; enfin , pour lui tenir lieu de caution , il accorde au mineur une hypothèque légale et indépendante de toute inscription sur les biens du tuteur , à raison de la recette confiée au tuteur et de l'emploi des deniers.

Mais aussi toutes les fois que les formalités prescrites pour prévenir le dommage du mineur ont été observées dans un acte, le Code établit une *présomption juris et de jure, qu'effectivement le mineur n'a éprouvé aucune lésion* ; la preuve contraire est dès lors inadmissible , et le mineur ne peut l'offrir pour demander la restitution en entier contre les actes faits par son tuteur (1) ; il n'a d'autre action contre ces actes que celle en nullité, à raison de l'inobservation des formalités légales. De-là la règle ;

> *Que tous les actes passés avec le tuteur d'un mineur ou d'un interdit, dans lesquels les formalités spécialement prescrites par la loi pour ces sortes d'actes ont été observées, ont la même force que s'ils avaient été passés avec un majeur.*

(1) Observez que l'art. 1305 n'est relatif qu'aux conventions passées par le *mineur même ;* car bien que son tuteur le représente dans tous les actes civils, il est néanmoins capable par lui-même de toutes les conventions qui sont de droit naturel.

Les art. 463 , 466 et 467 ne sont que des conséquences de ce principe.

Successions.

La différence qui existe entre les deux législations française et romaine, relativement à la *légitime,* n'est que la conséquence de celle qui se trouve entre ces deux législations, relativement au système entier des successions. Dans le droit romain, *la succession ab intestat* est regardée comme *subsidiaire,* et le législateur n'a eu en vue, dans les règles y relatives, que de suppléer au testament du défunt, selon sa volonté présumée. Dans le droit français, au contraire, *la succession légitime forme la règle;* le testateur peut la modifier, il est vrai, mais ses dispositions sont considérées alors comme des exceptions à cette règle; d'ailleurs, elles ne peuvent sortir des bornes que la loi a déterminées. En partant de ces principes, la *légitime,* en droit romain, est cette partie des biens dans laquelle le testateur est obligé, en règle générale, d'instituer certaines personnes ou dans laquelle la loi les institue à son défaut, tandis que la *réserve du droit français* est cette portion de la fortune du défunt sur laquelle il n'a aucun droit de disposition, s'il laisse certains parens (*quotité indisponible*). Il s'ensuit qu'on a pu rejeter dans le droit français le système des héritiers nécessaires, que l'héritier lésé dans sa réserve n'a pas besoin d'attaquer de nullité le testament d'où résulte la lésion, et que le renonçant à la succession peut néanmoins demander la réduction des donations entre-vifs pour obtenir sa réserve. Enfin, le droit français diffère encore du droit romain, relativement aux personnes auxquelles la légitime est due, et relativement à la manière de la déterminer.

Donations entre-vifs.

Le droit romain applique à la donation entre-vifs toutes les règles des *contrats*; le Code, au contraire, l'assimile, sous beaucoup de rapports, aux *dispositions de dernière volonté*, dont elle ne diffère principalement, en droit français, que relativement à l'époque où elle devient irrévocable; c'est pour cela qu'on a traité dans le même titre de ces deux institutions, et qu'elles sont régies par les mêmes principes, en tant que la différence dont nous venons de parler n'y apporte aucune modification. C'est là la source de plusieurs dissemblances entre la donation française et la donation romaine.

Contrats.

Dans le droit romain, l'inexécution d'un contrat synallagmatique, de la part de l'une des parties contractantes, ne dégage point l'autre de ses obligations, et ne lui donne pas même le droit de réclamer ce qu'elle a payé en vertu de la convention; seulement elle lui accorde la faculté de poursuivre le débiteur en exécution du contrat, ou en dommages-intérêts, si cette exécution est devenue impossible, et de suspendre provisoirement le payement de ce qu'elle aurait encore à livrer en exécution de l'engagement. La résiliation du contrat n'y peut avoir lieu qu'en vertu d'une clause expresse (*pacte commissoire*).

Ces principes se trouvent renversés par la disposition de l'art. 1184, d'après lequel *la condition résolutoire est sous-entendue dans tous les contrats synallagmatiques pour le cas de la non-exécution de la convention par l'une des parties;* les art. 1616, 1654, 1741, 1764, 1891 et 1912 renferment des conséquences de ce principe, auquel l'art. 1978 fait exception, par rapport à la rente viagère.

D'après le droit romain, *la propriété des choses* ne passe pas à l'acquéreur par l'effet de la convention, mais seulement par la *tradition réelle;* le contrat ne lui donne qu'une action personnelle contre les vendeurs. Ce principe a été modifié par le Code, d'après lequel l'*obligation de livrer une chose est parfaite par le seul consentement des parties, et rend le créancier propriétaire dès l'instant où elle a dû être livrée* (art. 1138).

Par suite de ce principe, l'art. 938 porte que la donation est parfaite par le seul consentement des parties, et que la propriété des objets donnés est transférée au donataire sans qu'il soit besoin d'autre tradition;

Et l'art. 1583, que la vente est parfaite entre les parties et la propriété acquise de droit à l'acheteur, *à l'égard du vendeur,* dès qu'on est convenu de la chose et du prix, quoique la chose n'ait pas encore été livrée.

L'art. 1141 maintient cependant le principe de la loi romaine, par rapport aux choses purement mobilières.

Serment.

Outre l'abolition de plusieurs espèces de serment, le Code a encore consacré deux principes nouveaux en cette matière.

Le premier, c'est que *lorsque le serment déféré ou référé a été prêté, l'adversaire n'est plus recevable à en prouver la fausseté* (art. 1362).

Le deuxième, c'est que *ceux auxquels on oppose les prescriptions établies par les articles 2271 et suivans, peuvent déférer le serment à ceux qui les opposent*, sur la question de savoir si la chose a été réellement payée, et *à leurs veuves et héritiers,* pour qu'ils aient à déclarer s'ils ignorent ou non que la chose soit due (art. 2275).

Il est cependant à observer, relativement au premier de ces principes, que l'art. 366 du Code pénal ayant établi une peine contre celui à qui le serment a été déféré ou référé en matière civile, et qui a fait un faux serment, il n'y a d'autre moyen de concilier cette disposition avec l'art. 1362 du Code Napoléon, qu'en admettant que le faux serment en matière civile donne lieu à une action publique de la part du ministère public, quoique le législateur ait cru devoir refuser cette action à la partie lésée, liée par le contrat judiciaire.

Il faut observer aussi, sur le deuxième principe, qu'il dépouille entièrement du caractère de véritables prescriptions celles qui sont qualifiées ainsi par les articles 2271 et suivans du Code, puisque c'est le serment ou le refus de le prêter qui sert de base au jugement sur les contestations relatives aux fournitures, à l'égard desquelles ces prescriptions ont été établies.

Conclusion.

Comment pourrions-nous terminer plus convenablement cet essai consacré au développement des avantages de la législation nouvelle établie par le Code Napoléon, que par les paroles de l'un de ses illustres rédacteurs, qui malheureusement trop tôt enlevé à son prince et à la patrie, n'a pu voir les nations de l'Europe s'empresser à l'envi de réclamer, comme une propriété commune, cette même législation dont il a tracé d'une plume aussi énergique, les inappréciables bienfaits. « Ces lois ne sont point l'ou-
» vrage d'une volonté particulière ; elles ont été formées
» par le concours de toutes les volontés ; elles paraissent
» après la révolution comme ces signes bienfaisans qui se
» développent dans le ciel pour nous annoncer la fin d'un
» grand orage : et en effet, eût-il été possible de terminer
» l'important ouvrage du Code civil, si nos travaux et les
» vôtres eussent été traversés par des factions ? eût-on pu
» transiger avec les opinions, si déjà on n'avait réussi à
» concilier les intérêts et à rapprocher les cœurs ? Oui, lé-
» gislateurs, la seule existence d'un Code civil est un monu-
» ment qui atteste et garantit le retour permanent de la paix
» intérieure de l'état. Que nos ennemis frémissent, qu'ils dé-
» sespèrent de nous diviser, en voyant toutes les parties de la
» république ne former qu'un seul tout ! en voyant plus de
» trente millions de Français, autrefois divisés par tant de
» préjugés et de coutumes différentes, consentir solennel-

» lement les mêmes sacrifices, et se lier par les mêmes
» lois ! en voyant enfin une grande nation composée de
» tant d'hommes divers, n'avoir plus qu'un sentiment,
» qu'une pensée, marcher et se conduire comme si toute
» entière elle n'était qu'un seul homme !   .

» Quels seront les effets de cette unité de législation
» établie par le nouveau Code ? Les esprits ordinaires
» peuvent ne voir dans cette unité qu'une perfection de
» symétrie ; l'homme instruit, l'homme d'état y décou-
» vre les plus solides fondemens de l'empire.

» Des lois différentes n'engendrent que trouble et con-
» fusion parmi les peuples qui, vivant sous le même gou-
» vernement et dans une communication continuelle,
» passent ou se marient les uns chez les autres, et soumis
» à d'autres coutumes, ne savent jamais si leur patrimoine
» est bien à eux.

» Nous ajoutons, que les hommes qui dépendent de la
» même souveraineté sans être régis par les mêmes lois,
» sont nécessairement soumis à la même puissance sans
» être membres du même état ; ils forment autant de na-
» tions diverses qu'il y a de coutumes différentes : ils ne
» peuvent nommer une patrie commune.

» Aujourd'hui une législation uniforme fait disparaître
» toutes les absurdités et les dangers ; l'ordre civil vient
» cimenter l'ordre politique. Nous ne serons plus Proven-
» çaux, Bretons, Alsaciens, mais Français. Les noms ont
» une plus grande influence que l'on ne croit sur les pen-
» sées et les actions des hommes.

» L'uniformité n'est pas seulement établie dans les rap-
» ports qui doivent exister entre les différentes portions
» de l'état ; elle est établie encore dans les rapports qui
» doivent exister entre les individus. Autrefois les distinc-
» tions humiliantes que le droit politique avait introduites
» entre les personnes, s'étaient glissées jusque dans le droit
» civil. Il y avait une manière de succéder pour les no-
» bles, et une autre manière de succéder pour ceux qui
» ne l'étaient pas ; il existait des propriétés privilégiées
» que ceux-ci ne pouvaient posséder, au moins sans une
» dispense du souverain. Toutes ces traces de barbarie sont
» effacées ; la loi est la mère commune des citoyens, elle
» accorde une égale protection à tous.

» Un des grands bienfaits du nouveau Code est encore
» d'avoir fait cesser toutes les différences civiles entre les
» hommes qui professent des cultes différens. Les opinions
» religieuses sont libres. La loi ne doit point forcer les
» consciences ; elle doit se diriger d'après ce grand prin-
» cipe, de souffrir ce que Dieu souffre. Ainsi elle ne doit
» connaître que des citoyens, comme la nature ne connaît
» que des hommes.

» On n'a pas cherché dans la nouvelle législation à
» introduire des nouveautés dangereuses. On a conservé
» des lois anciennes tout ce qui pouvait se concilier avec
» l'ordre présent des choses ; on a pourvu à la publicité
» des mariages ; on a posé de sages règles pour le gou-
» vernement des familles ; on a rétabli la magistrature des
» pères ; on a rappelé toutes les formes qui pouvaient ga-
» rantir la soumission des enfans ; on a laissé une latitude

» convenable à la bienfaisance des testateurs ; on a déve-
» loppé tous les principes généraux des conventions, et
» ceux qui dérivent de la nature particulière de chaque
» contrat ; on a veillé sur le maintien des bonnes mœurs ;
» sur la liberté raisonnable du commerce et sur tous les
» objets qui peuvent intéresser la société civile.

   » En assurant par de bonnes lois notre prospérité dans
» l'intérieur, nous aurons encore accru notre gloire et no-
» tre puissance au dehors. L'histoire moderne ne présente
» aucun exemple pareil à celui que nous donnons au monde.
» Le courage de nos armées a étonné l'Europe par des
» victoires multipliées, et il s'apprête à nous venger de la
» perfidie d'un ennemi qui ne respecte point la foi des
» traités, et qui ne place sa confiance et sa force que dans
» le crime. C'est alors que la sagesse du Gouvernement,
» calme comme si elle n'était pas distraite par d'autres
» objets, jette les fondemens de cette autre puissance qui
» captive peut-être plus sûrement le respect des nations :
» je veux parler de la puissance qui s'établit par les bonnes
» institutions et les bonnes lois.

   » Nos ressources politiques et militaires peuvent n'ins-
» pirer que de la crainte aux étrangers, mais en nous
» voyant propager toutes les saines idées d'ordre, de
» morale et de bien public, ils trouvent dans nos princi-
» pes et dans nos vertus de quoi se rassurer contre l'abus
» possible de nos ressources.

   » Législateurs, vous touchez aux termes de vos glorieux
» travaux ; qu'il sera consolant pour vous en retournant
» dans vos départemens et dans vos familles, d'y être

» bénis par vos concitoyens, et d'y jouir personnellement
» comme enfans, comme époux, comme pères, de toutes
» les sages institutions que vous aurez sanctionnées comme
» législateurs ! Vous aurez travaillé à votre bien particu-
» lier en travaillant au bien commun, et à chaque ins-
» tant de la vie chacun de vous se trouvera heureux du
» bonheur de tous. »

ERRATA.

Page 29, note, au lieu de art. 2297 ;   *lisez* : art. 2279.
   31, lig. 6.   —*divisions ;*   — dispositions.
   42, lig. 16.   —*particuculiers ;* — particuliers.
   49, lig. 5, note.   — *telles ;*   — tels.
   id., lig. 19, *ib.*   — *les ouvrages et les écrits ;*
     lisez : les ouvrages de cet estimable auteur, (M. Bauer).
   52, lig. 14.   —*n'auraient ;*   — n'aurait.
   53, lig. 8.   —*corporels ;*   — incorporels.
   61, lig. 13.   — *suscriptions ;*   — suscription.
   70, lig. 3.   —*art.* 238 ;   —art. 228.
   81, lig. 5 de la note 1. après ces mots, *dans un état,*
     lisez : qui n'aurait ni Cour de cassation ni
     autre institution analogue.
   95 lig. dernière, au lieu de *suite*   *lisez* : suité.

TABLE
DES MATIÈRES.

www.ingramcontent.com/pod-product-compliance
Lightning Source LLC
Chambersburg PA
CBHW071210200326
41519CB00018B/5453